Research on
User Involvement of New Product Development in
Innovation Community

基于创新社区的客户
参与企业新产品开发方法研究

丁志慧　云乐鑫 著

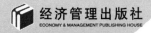

经济管理出版社
ECONOMY & MANAGEMENT PUBLISHING HOUSE

图书在版编目（CIP）数据

基于创新社区的客户参与企业新产品开发方法研究/丁志慧，云乐鑫著 . —北京：经济
管理出版社，2020. 8
ISBN 978 - 7 - 5096 - 3586 - 5

Ⅰ. ①基⋯　Ⅱ. ①丁⋯　②云⋯　Ⅲ. ①企业管理—产品开发—研究—中国 ②企业管理—
技术革新—研究—中国　Ⅳ. ①F279. 23

中国版本图书馆 CIP 数据核字 (2020) 第 138876 号

组稿编辑：胡　茜
责任编辑：胡　茜　姜玉满
责任印制：黄章平
责任校对：陈　颖

出版发行：经济管理出版社
　　　　　（北京市海淀区北蜂窝 8 号中雅大厦 A 座 11 层　　100038）
网　　　址：www. E - mp. com. cn
电　　　话：(010) 51915602
印　　　刷：北京玺诚印务有限公司
经　　　销：新华书店
开　　　本：720mm×1000mm/16
印　　　张：9. 5
字　　　数：130 千字
版　　　次：2020 年 9 月第 1 版　　2020 年 9 月第 1 次印刷
书　　　号：ISBN 978 - 7 - 5096 - 3586 - 5
定　　　价：59. 00 元

项目支持与资助：

国家自然科学基金青年项目"创业企业商业模式内容创新的关键维度及两条实现路径研究"（71602097）；

国家自然科学基金青年项目"国际创业企业知识搜寻双元策略及其对机会识别的影响机制研究：基于双重网络嵌入的视角"（71702086）；

教育部人文社会科学青年项目"'互联网＋'时代基于众包的中国企业商业模式优化及竞争力提升研究"（17YJC630019）；

山东省高等学校人文社会科学研究计划项目"新旧动能转换下山东省制造业转型升级路径研究"（J18RA079）；

青岛市社科规划项目"青岛市'高端制造业＋人工智能'攻势政策体系研究"（QDSKL2001212）；

青岛市哲学社会科学规划项目"卷入视角下跨境电商产品信息对购买行为的作用机制——以青岛市跨境电商企业为例"（QDSKL1901195）。

前　言

随着信息通信技术的发展，传统的社会组织及其活动边界正在"融化"，创新不再是企业和科研机构的专利，越来越多的普通用户参与产品创新，每个人都可以成为创新的主体。麻省理工学院的 von Hippel 教授通过大量的实证研究发现，创新源是富有变化的，在一些领域，用户已经成为了创新的主体。

信息通信技术的发展促进了人们生活、工作和组织方式以及社会形态的深刻变化，也推动了知识社会的形成和创新模式的转变，使客户参与企业创新体系中成为可能。客户参与企业新产品开发中也是企业理解客户需求、减少研发不确定性和降低开发成本的需要。另外，网络缩短了产品开发周期和生命周期，加剧了企业间基于时间的竞争。对企业来说，让客户参与产品创新过程，不仅可以帮助企业开发出比竞争对手更能满足市场需求的产品，而且能够缩短产品开发周期，获得时间优势。因此，充分了解和利用用户创新源，将客户融入企业新产品开发过程，对于企业提高创新能力和市场竞争力具有重要意义，企业在进行创新时要特别重视与客户的合作。

从 20 世纪末互联网的快速普及，到近年来移动终端和社交媒体的迅速发展，都为客户与企业间、客户与客户间的沟通提供了便利条件和有效保障。在此之前的企业与客户间的交互往往是一对一的，客户与客户间更是缺乏沟通渠道，而现在客户与客户、客户与企业间可以通过创新社区连接起来，实现企业—客户、客户—客户间一对多、多对多的全面沟通。客户在创新社区中可以自由地交流技术和产品信息、分享使用经验，可以联合起来共同开发单一客户无法独立完成的解决方案，从而实现产品创新。对于企业来说，创新社区将分散的独立客户在网络上集中起来，是企业与客户沟通的有效渠道，也是企业对创新客户进行管理的有效手段。因此，将创新社区嵌入企业新产品开发活动，是企业管理和利用用户创新源、实施开放式创新的有效方式。

传统模式下，客户一般仅参与新产品开发中的研发阶段，在产品商业化阶段则没有客户的参与。客户中的领先用户往往是产品的早期采纳者，他们对普通用户有很强的影响力，互联网的普及和社交媒体的发展使客户的影响力得以发挥，客户的作用从研发阶段延伸到了新产品商业化阶段。因此网络时代企业更需要实施开放式创新，将创新社区纳入从概念开发到商业化的新产品开发全过程。基于此，本书主要做了如下工作：

（1）提出了基于创新社区的新产品开发流程。提出由领先用户在创新社区内外部知识传递过程中担当"用户守门员"，阐述了基于用户守门员的创新社区知识创新过程；构建了企业基于创新社区的开放式新产品开发流程模型，并对其具体实施和应用过程进行了详尽阐述。

（2）探讨了客户参与企业新产品开发的创新模式选择问题。运用博弈论方法，构建了基于企业和客户双方的创新模型，分析了随着创新过程中客户参与程度的加深，企业福利、客户福利和社会福利的变化情况，指出了不同成本结构下企业的最优创新模式。

（3）基于企业视角，分析了新产品开发过程中客户最优参与策略问题。考虑从概念开发到新产品早期扩散全生命周期成本，构建了包含研发成本和市场营销成本的企业收益函数，以企业利润最大化为目标，给出了最优客户参与时间和最优交流次数以及企业策略选择的判定条件。

（4）构建了客户参与企业新产品开发中的激励模型。考虑制造商、客户和供应商的努力程度及努力程度对创新效果的影响，在客户参与的半开放式创新、客户和供应商共同参与的全开放式创新两种情景下，分别构建了企业对客户的激励模型，以企业利润最大化为目标，指出了不同参与模式下企业对客户的最优激励水平。

目　录

第一章　绪　论

第一节　问题的提出及研究意义

一、问题的提出

当今社会迅猛发展，科学技术日新月异，市场竞争日益激烈，创新能力的强弱已成为衡量一个国家或企业综合实力的重要指标。长期以来，人们习惯性认为产品创新主要是由产品制造商发起并完成的，但随着信息通信技术的发展，人们的生活方式、工作方式、组织方式与社会形态都在发生着深刻的变革[1]，创新模式也在逐渐转变[2]。通信成本的降低和创新工具友好性的提高，使传统的社会组织及其边界逐渐消融[3]，创新不再是企业和科研机构的专利，越来越多的普通用户参与到产品创新中。麻省理工学院的 von Hippel 教授通过大量的实证研究发现，创新源是富有变化的：制造商是传统的创新者；而在某些领域，与创新有关的材料和零部件供应商是典型的创新者；还有一些领域，用户已经成为了创新的主体[4]（见表1-1）。

表1-1　创新源调查[5]

创新内容		调查对象数量（个）	创新源（%）		
			客户	企业内部	其他
科学仪器创新	全新产品	4	100	0	0
	主要功能改进	44	82	18	0
	次要功能改进	63	70	30	0
半导体与电子部件制造设备创新	全新产品	7	100	0	0
	主要功能改进	22	63	21	16
	次要功能改进	20	59	29	12

随着 Internet 与 Web 技术的日益成熟，以及电子商务的蓬勃发展，越来越多的企业和客户的价值活动从线下转移到了线上。网络缩短了产品开发周期和生命周期，加剧了企业间基于时间的竞争。对企业来说，让客户参与到新产品开发过程中，不仅可以帮助其开发出比竞争对手更能满足市场需求的产品，而且能够缩短产品开发周期、降低研发风险、提高客户满意度。随着科技的发展，创新活动所需要的资金、技术、设备等资源越来越多，单一客户独立完成创新活动越来越困难，创新社区通过对独立客户的集合很好地解决了这一问题。客户可以在创新社区中方便自由地交流技术和产品信息、分享使用经验、开发解决方案，从而完成产品创新。同时，对于企业来说，创新社区相对分散的独立客户更加集中且便于管理。因此，将创新社区嵌入企业创新活动中，是企业管理和利用用户创新源、实施开放式创新的有效方式。

2007 年，iPhone 手机的上市为客户参与新产品开发提供了新的思路和途径，客户在企业新产品开发中的作用进一步凸显和提高。iPhone 手机"iPhone + iOS + App"的模式使得客户不仅能够通过在 App Store 中下载应用软件实现手机功能的定制化，而且可以利用苹果公司提供的创新工具包自己进行应用软件开发，并且可以将其开发的应用软件上传到 App Store 进行销售[6]。这一创新使苹果公司获得了巨大的成功，随后微软、谷歌等公司也开始尝试这一模式。发展至今，市场上几乎所有的智能手机都在采用此种模式，这种"硬件＋产品平台＋应用软件"的模式成为目前最新和最典型的客户参与新产品开发实现形式，其中硬件和产品平台由企业开发，应用软件由客户自行开发或购买。该模式不仅充分发挥和利用了客户的创新性，网络环境也使得客户的影响力得以发挥，客户的作用从研发阶段延伸到了产品推广和扩散阶段。由于客户需要利用创新工具包独立完成基于产品硬件和平台的应用软件创新，该模式对企业开发的产品硬件与平台的易用性和友好性提出了更高的要求，也更加强调客户间的沟通和协作，因此企业更需要实施开放式创新，将创新社区纳入新产品开发全过程。

为了将用户创新与企业创新相结合，将创新社区合理嵌入企业新产品开发过程，实现在线环境下企业对客户创新能力的充分利用，我们需要对以下问题进行研究：

第一，基于创新社区的新产品开发流程。创新流程是企业确立创新组织、选择创新模式和制定创新战略的基础[7]，研究基于创新社区的客户参与新产品开发问题，首先应明确其创新流程。现有文献虽然对创新社区和客户参与企业新产品开发都有很多关注，但却较少将两者结合起来进行研究。因此，需要借助知识管理和流程管理工具，对创新社区内部的知识获取和知识创新过程，以及基于创新社区的企业新产品开发流程进行深入研究。

第二，客户参与新产品开发的创新模式选择。不同创新模式下，客户在企业新产品开发中的参与程度不同，企业与客户的分工也不同，企业选择何种创新模式才能尽可能达到收益最大化呢？虽然目前学术界对客户参与企业创新活动的研究很多，但对这一问题还缺乏相应研究，需要通过建立经济学范式上的严谨理论模型进行探讨。

第三，客户参与新产品开发最优参与策略选择。在客户参与企业新产品开发的过程中，客户的参与方式会对创新成果和企业的最终收益产生影响，企业如何选择最优的客户参与策略是一个值得研究的问题，但目前针对这一问题的定量研究并不多见，而且对于客户参与新产品开发的研究大多将客户的作用局限于新产品商业化之前的阶段，对于智能手机的发展对用户创新的影响和客户在新产品扩散中的重要作用并没有予以考虑。因此，需要基于对开放式创新、在线环境和用户创新的深入探析，从客户参与产品概念开发直至商业化全过程的角度，研究企业将客户纳入创新活动的最优策略，为企业的客户参与策略提供决策参考。

第四，客户参与新产品开发中的激励问题。在与企业协同进行新产品开发的过程中，客户需要付出努力成本，虽然客户可以在创新过程中获得成就感、荣誉感等精神补偿，但当精神补偿不足以弥补其努力成本时，客户就会放弃参与或消极参与创新，从而造成企业创新效率的降低。因此，在客户参与企业新产品开发的过程中，企业应当给予客户一定的补偿。如果补偿过低，会降低协同创新效率；补偿过高，则会减少企业最终收益。因此，应当通过严谨的理论模型进行探讨，帮助企业制定最适当的激励水平。

第五，需要通过典型的成功实例，阐明在线环境下，企业将创新社区融入新产品开发过程的具体措施和实施流程，为我国企业从客户参与新产品开发的角度提高创新水平和核心竞争力提供参考。

二、研究意义

1. 理论意义

针对基于创新社区的客户参与企业新产品开发中的问题，阐述了"用户守门员"的概念与内涵，描述了创新社区中的知识获取和知识创新过程，阐述了基于创新社区的新产品开发流程及其实施过程；运用博弈论、运筹学等方法，通过建立经济学范式上的严谨理论模型，分析了随着创新过程中客户参与程度的加深，企业、客户与社会福利的变化情况，探讨了创新过程中企业创新模式的选择问题；研究了企业将客户纳入创新活动的最优策略，突破了客户仅应用于新产品概念开发的局限，将客户的应用范围拓展至从产品概念开发到商业化全过程；考虑供应商是否参与企业开放式创新过程，提出了企业对客户的最优激励策略，补充和扩展了用户创新与客户参与新产品开发理论。

2. 实践意义

在实践方面，由于我国国情的特殊性，贫富差距与区域发展不平衡，部分群体的创新创业能力未能被制度化地加以开发利用，社会经济发展过程中产业结构呈现出低度化问题，急需以民生、社会和生态环境和谐发展为目的的自主创新促进产业转型升级。然而自主创新能力严重不足使我国产业结构升级缺乏技术创新的支撑，很多地区和企业的经济发展方式粗放，经济增长过度依赖投资，竞争过度依赖成本价格，大量企业仍在进行封闭式创新。通过本书的研究，为我国企业充分利用客户资源、实施开放式创新提供了思路，能够帮助我国企业提高自主创新能力和综合竞争力，也为网络时代和用户创新背景下的政府创新政策供给提供了依据和建议。

第二节　研究内容、方法与结构

一、研究内容

本书针对基于创新社区的客户参与新产品开发过程，对基于创新社区的新产品开发流程、企业创新模式选择、客户最优参与策略选择、客户参与企业新产品开发的激励模型等问题进行了研究。

1. 基于创新社区的新产品开发流程

本书提出由领先用户在创新社区内外部知识传递过程中担当"用户守门员",阐述了用户守门员的概念与内涵。基于 SECI 模型,描述了创新社区中的知识创新过程。在此基础上,提出了基于创新社区的新产品开发流程,介绍了在新产品开发各阶段创新社区的主要作用,并详尽阐述了该流程的具体实施方法。

2. 客户参与新产品开发的创新模式选择研究

企业要将客户纳入自身新产品开发过程,首先要考虑使用何种创新模式与客户进行合作。针对企业创新模式的选择,运用价值链模型,对各创新模式的竞争力进行了定性分析。其次运用博弈论方法,构建了基于企业和客户双方的开放式创新模型,分析了不同客户参与程度的创新模式下,企业福利、客户福利和社会福利的变化情况,提出了不同情况下企业的最优创新模式选择。

3. 客户参与新产品开发最优策略研究

基于企业视角,针对客户最优参与策略问题,考虑新产品开发中的技术不确定性和市场不确定性,并分别以研发活动创新度、客户知识对研发活动的重要度两项指标进行表征,提出了客户知识累积函数和企业设计返工函数;考虑从概念开发到新产品早期推广的全生命周期成本,构建了包含研发成本和营销成本的企业收益函数,以企业利润最大化为目标,给出了最优客户参与时间和最优交流次数以及企业策略选择的判定条件。

4. 客户参与新产品开发的激励模型

考虑供应商是否参与企业新产品开发,基于努力度、成本效率和市场需求等因素,构建了客户参与新产品开发的激励模型,以企业收益最大化为目标,给出了企业对客户的最优激励水平。

5. 应用实例

为了使研究成果具有较强的应用前景和针对性,以北京小米科技有限责任公司 MIUI 的开发过程为研究对象,通过应用实例,说明了企业利用创新社区进行新产品开发的具体操作流程和步骤。

二、研究方法

本书采用规范的理论分析与实证研究相结合、思辨研究与文献研究相结合、定性分析与定量研究相结合的研究方法，并在各个层面与侧面上各有侧重，能够实现方法上的规范严谨。在理论模型上，主要利用博弈论、运筹学等方法进行建模。在总体框架设计时还用到了系统分析方法。这些定量分析与理论推论中的定性分析相结合，对面向新产品开发全过程的创新社区客户参与企业新产品开发过程进行了研究。

三、逻辑结构

本书的逻辑结构如图 1－1 所示。

第一章是绪论，介绍本书的研究背景、主要内容、研究方法等。

第二章是文献综述。首先介绍了用户创新的定义和内涵，从用户创新的概念特点、产生条件以及相关理论和研究成果等几个方面对国内外学者的研究进行了回顾和总结；其次对客户参与企业新产品开发的文献进行了综述；最后对创新社区的相关研究和理论进行了归纳整理。

第三章是基于创新社区的客户参与新产品开发流程。提出由领先用户担任创新社区的"用户守门员"，根据 SECI 模型，描述了以用户守门员为中介的创新社区知识获取和知识创新过程；提出了基于创新社区的新产品开发流程，并阐述了其具体实施过程和方法。

第四章是客户参与新产品开发的创新模式选择研究。运用博弈论方法，构建了一个基于企业和客户双方的创新模型，分析了随着创新过程中客户参与程度的加深，企业、客户与社会福利的变化情况，指出了企业的最优创新模式选择。

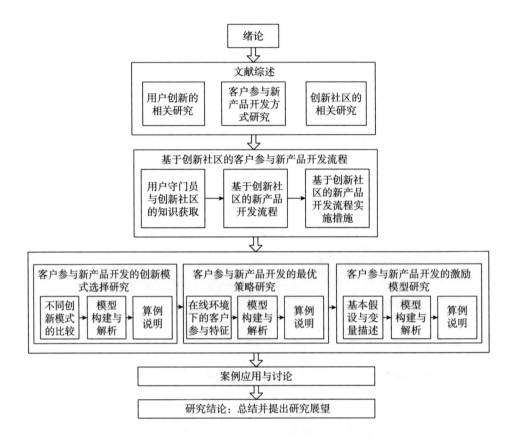

图1-1　本书研究框架

第五章是客户参与新产品开发的最优策略研究。以企业利润最大化为目标，得出了企业将客户纳入其产品创新活动的最优客户参与时间和最优交流次数，对客户参与模式的判定条件进行了探讨，并通过算例证明了该方法的可行性和有效性，为企业合理选择客户参与策略提供了参考。

第六章是客户参与新产品开发的激励模型研究。以企业利润最大化为目标，考虑供应商是否参与企业开放式创新的情景，构建了激励模型，给出了企业的最优客户激励策略。

第七章是案例应用与讨论。以北京小米科技有限责任公司 MIUI 的开发过程为例，说明了企业利用创新社区进行新产品开发的具体操作流程和步骤。

第八章是结论和展望，归纳了本书提出的主要观点和结论，并对未来的研究提出了展望。

第三节　主要创新点

本书以已有学者对客户参与企业新产品开发的相关研究成果为基础，同时考虑在线环境和创新社区的特点，深入研究了基于创新社区的客户参与新产品开发的方式与策略，形成以下创新点：

（1）提出由领先用户担当"用户守门员"，阐述了用户守门员的概念和内涵，描述了创新社区中以用户守门员为中介的知识获取与知识创新过程。提出了基于创新社区的新产品开发流程，阐述了其具体实施方法。

（2）针对客户参与新产品开发中企业创新模式选择问题，运用博弈论方法，构建了基于企业和客户双方的开放式创新模型，分析了不同客户参与程度的创新模式下，企业福利、客户福利和社会福利的变化情况，得到了不同情况下企业的最优创新模式选择。

（3）考虑智能手机和社交媒体对企业创新和用户创新带来的变化，提出客户的作用不应仅局限于产品研发阶段，而应该延伸到从概念开发到新产品推广的产品创新全过程。从创新活动创新度、客户知识对创新活动的重要度和客户领先程度入手，构建了客户知识累积函数和企业设计返工函数，建立了客户参与企业产品研发和早期推广的数学模型，构造了考虑创新成本和市场偏好的企业收益函数，得出了企业将客户纳入其产品创新活动的最优策略及判定条件。

（4）考虑各方成本效率、努力程度和产品需求函数等因素，在仅有客户参与的半开放式创新和客户、供应商共同参与的全开放式创新两种模式下，分别构建了客户参与新产品开发的激励模型，并考虑制造商与供应商的不同合作形式，分别给出了各创新模式和合作形式下企业的最优激励水平以及各方的最优努力程度。

第二章 文献综述

第一节 用户创新的相关研究

一、用户创新的概念与动机

20 世纪 70 年代，美国麻省理工学院的 von Hippel 教授首次提出了"用户是创新者"的革命性观点，并根据创新与创新者之间的联系，将创新分为：制造商创新、供应商创新和用户创新[8]。清华大学的吴贵生和谢伟给出了用户创新的详细定义：用户创新是指用户对其所使用的产品、工艺的创新，包括为自己的使用目的而提出的新设想和实施首创的设备、工具、材料、工艺等，以及对制造商提供的产品或工艺的改进[9]。

von Hippel 从经济学的角度解释了用户创新的动机。熊彼特认为，成功的创新成果在模仿者出现之前能够在市场中获得短期的垄断地位[10]，这种垄断使得创新者可以在市场中取得暂时的优势，从而获得经济回报，这种经济回报被称为创新租金，创新租金是创新的主要动力。在创新早期阶段，技术和市场都存在高度不确定性，企业创新将面临巨大的风险，因此企业没有足够的动机去创新。但用户作为使用者，面临的风险很小，而且预期可以从新产品的使用中获得较高收益。当用户预期创新的收益超过成本时，他们就可能进行创新。此外，众多学者还从其他角度解释了用户创新的动机，包括产品生产控制动机、精神动机、社交动机、胜任性动机等[11]。例如，Gurgul 等[12]提出用户参与新产品开发的动机包括：个人满足，更好的工作绩效和更高的工资报酬。何建民等[13]构建了网上用户参与产品开发的"动机—行为"模型，证实影响网上用户参与的内部动机与外部动机不同，且两者对用户参与行为具有不同的影响。许军和梅姝娥[14]提出提高名声期望、获取专长期望、独特性产品需求和刺激性体验需求有助于形成积极的用户参与态度。秦敏等[15]指出用户互惠、用户信任、认同性动机、利他性动机等因素会显著影响客户在线贡献行为。

国内外学者通过实证研究，证实了用户创新的重要作用。Lee[16]通过对日本机械工具领域的研究也证实，用户在创新中扮演着重要角色。Lüthje[17]指出，用户在外科手术设备和户外运动消费品领域起着发明者的作用。Hienerth[18]通过追踪调查 16 项用户创新案例，指出企业通过用户创新可以降低研发成本。Hienerth 等[19]通过实证研究证实用户社区能够提高企业创新效率。国内学者戴凌燕和陈劲[20]指出，由于需求信息具有粘性，在产品和服务的开发过程中，由用户自行创新（至少承担部分的产品创新任务）是适合的。郑彤彤和谢科范[21]指出用户创新是对企业创新的补充，是实现个人差异化需求的有效途径。

二、粘着信息理论

产品开发的目的是创造一个解决问题的方案以满足真实使用环境中用户的需求。用户比企业拥有更好的有关自身需求和使用环境的信息，而企业比用户拥有更多问题解决模型，如果这些信息可以不需要任何代价地从一个地方传播到另一个地方，那么产品开发的质量就能够得到保证。但事实是，信息的传播是有代价的，企业必须以一定的成本将用户需求信息转换成自己的信息，而且有时甚至无论花费多大的代价都无法获得完全真实的信息。这表明产品开发中所需的信息是"粘滞"的。

von Hippel 指出，具有获取、转移和使用成本的信息是粘着信息。其中信息的粘性（stickiness）是指，单位信息以一定的方式从信息提供者转移到给定的信息需求者所产生的增量成本[22]。所需的增量成本越高，表示该信息的粘性就越强；反之亦然。信息出现粘性的原因很多，主要有三个方面：①信息自身的性质。信息对环境的依赖性越强，它能被转移的可能性就越小，转移成本就越高。②信息转移的数量。当创新所需信息的数量巨大且相互关联时，转移成本就会很高。③信息的需求者与提供者的性质。如果需求者具有较强的吸收能力，对新信息持欢迎态度，而提供者比较开放，主动帮助需求者获得信息，则信息就相对容易转移[23]。

国内学者也对粘着信息的成因进行了研究。王毅和吴贵生[24]对产学研合作过程中粘滞信息的成因进行了研究，提出导致信息粘滞的原因包括：知识源的主观意识、知识受体的意识和能力、知识源与知识受体的距离和转移知识的性质。刘芹和陈继祥[25]指出知识转移过程中知识的粘滞受到知识管理因素、知识距离因素、组织因素和情境因素四个方面的影响。闫俊周[26]指出在分布式创新中，导致信息粘性产生的原因主要是空间距离加大、知识吸收能力差和创新网络的不稳定性。杨栩等[27]指出知识转移主体双方的转移意愿高，知识发送方减少对知识防护措施，自愿传递知识，知识接受方基于明确需求意图前提下主动积极配合知识转移时，知识模糊性削弱、粘性降低。进一步地，von Hippel 指出，不仅需求信息具有粘性，技术信息也具有粘性。也就是说，在求解与创新相关的问题过程中，将技术信息从一个地方转移到另一个地方也是有成本的。因此，选择求解创新问题的场所时必须考虑所需信息的所在地。基于此，von Hippel 指出了选择求解创新问题场所的四种场景。

场景一：当求解创新问题所需的粘着信息存在于同一场所时，则在信息所在地求解创新问题。在某些领域，用户拥有求解创新问题所需的技术信息，同时用户也拥有需求信息，因此应当让用户完成该项创新[28]。例如，美国苹果公司通过为用户提供用户创新工具包，让用户自己完成应用程序的开发，在需求信息的所在地完成了应用程序创新问题的求解。

场景二：当求解创新问题所需的粘着信息存在于两个以上的场所，即制造商掌握技术信息而用户掌握需求信息时，在其中任何一个场所开展全部创新活动都是不经济的。因为技术问题的求解总是需要一个不断试错的过程，创新过程中这些信息需要不断在所在地之间循环，即在用户和制造商之间循环开展，因此此时无论在哪一个场所开展全部创新活动都会产生很高的信息转移成本。

场景三：当求解创新问题所需的粘着信息存在于两个以上的场所，而且在信息所在地之间循环开展创新活动的成本很高时，应当将创新问题分解成若干个子问题，并且保证求解每一个子问题所需的粘着信息只存在于一个场所。

场景四：当粘着信息很多很分散，并且反复循环开展创新活动的成本很高时，企业应当采取一定的措施，以减少信息的粘性。例如，企业可以借助计算机和网络工具，构建专家系统和用户数据库，让用户能够方便地获取和利用企业的技术知识，以帮助用户进行产品改进和创新[29]。

von Hippel 等从信息对环境的依赖性、信息转移成本等视角对粘着信息进行研究，丰富和深化了人们对创新源与创新过程的认识，也奠定了用户创新模式存在的价值基础。粘着信息理论很好地解释了用户创新存在的价值，也对整个创新过程以及创新过程中的众多管理问题都有很好的解释力，同时也为用户创新工具箱的提出奠定了理论基础。

三、用户创新工具箱理论

为了成功开发新产品，企业需要充分了解客户的需求信息，但由于需求信息的粘性，导致信息转移成本非常高，而且有时用户虽然知道自己需要什么，但却不能准确完整地将这些信息传递给企业。因此，许多公司开始尝试不再努力获取客户的需求，转而向他们提供工具，将与需求相关的创新任务交给客户完成，让他们自己设计和开发自己所需的产品。通常，这些用户界面友好的工具组成一个工具包，称之为用户创新工具箱。von Hippel 指出用户创新工具箱是一种帮助客户完成创新活动的工具。具体来说，用户创新工具箱是一种用户创新技术，它允许用户自己开发产品，用户可以利用创新工具箱创建一个初步的设计方案，并进行计算机模拟和构建产品模型，然后用户在自己的使用环境里对产品功能进行评价，再反复改进，直至满意为止[30]。

von Hippel 和 Katz[31]通过大量案例研究指出，基于用户创新工具箱的产品开发方法比传统的基于企业的产品开发方法更有效。传统方法下，企业需要付出大量的人力、物力、财力和时间来获取客户的需求信息，而且最终获取的信息是不完全的，仅代表部分客户，企业利用这些不确定信息进行产品开发面临着很大的市场风险。另外，在开发出产品原型后，企业需要找客户进行试用，再根据客户反馈信息进行修改，如此反复，直至客户满意。在这一过程中，企业与客户间沟通成本高、时间长，而且信息仍存在粘性，会导致产品开发周期延长。在用户创新工具箱法下，企业通过向用户提供创新工具箱，将需求信息获取和试错过程都交给用户完成，克服了需求和反馈信息的粘性，也缩短了产品开发周期（见图2－1）。

用户创新工具箱的出现使用户与企业在产品创新中的关系模式发生了改变。在传统的产品开发方法中，用户是信息源和最终消费者，担任在产品开发前期为企业提供需求信息和在产品商业化后购买产品的角色；制造商是创新者，

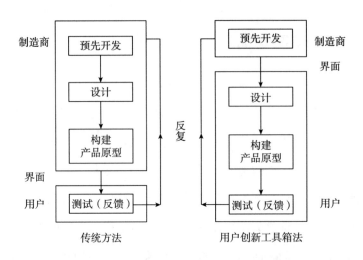

图 2 - 1　传统产品开发方法与基于用户创新工具箱的产品开发方法的比较

为用户开发需要的产品或服务。在基于创新工具箱的产品开发中，用户也成为创新主体，提高了用户在企业创新活动中的参与度，用户与企业的关系由单纯的买卖双方变为了合作伙伴。对于企业来说，产品开发的对象发生了变化，由原来的产品开发转变为工具包开发，由原来的向用户提供产品转为向用户提供技能[32]。

Thomke 和 von Hippel 提出了一个行业即将应用用户创新工具箱的三个信号和让用户成为创新者的五个步骤，为企业实施用户创新工具箱战略提供了理论指导[33]。企业要开发一个成功的创新工具箱，一般应使其具备以下五种功能：①能够让用户完成试错的循环过程，不断进行"干中学"；②为用户提供所需的求解空间；③用户界面友好；④为用户提供标准化模块，让用户可以集中精力投入创造性设计；⑤确保用户的设计不需要经过创新工具箱的开发方的修改就可以直接制造出来。

尽管用户创新工具箱为企业的产品创新模式提供了理论指导，但它并不适合于所有产品的开发，而且创新工具箱法的应用也将彻底改变企业原有的商业模式和管理方法，对企业是一项巨大的挑战。因而，有学者对用户创新工具箱的局限进行了研究。例如，Agrawal 等[34] 提出创新工具箱能为用户提供的解决方案非常有限，有时用户利用创新工具箱进行产品创新的成本会高于其创新收益。Zipkin[35] 提出用户的创新能力有时会被高估，这就造成企业提供的创新工具箱不够友好，只有具备很高能力水平的用户能够顺利使用。Schulz 等[36] 指出创新工具箱有时会限制用户的创新思维。孙艳等[37] 指出创新工具箱通常主要面向对产品有深入了解并具有研发能力的高端客户，而对普通用户的关注较少，广大普通用户中蕴藏的创新潜能未得到系统化开发。因此，用户创新工具箱的应用虽然有可能创造出更多的价值，但也要充分考虑用户的技能和知识水平，这样才能更有效地发挥它的作用。

四、领先用户理论

1. 领先用户的概念与特征

von Hippel 最先提出了领先用户（Lead Users）的概念（见图 2 - 2），认为领先用户是指那些现有的强烈需求将在不远的未来成为市场普遍需求的客户。具体来说，领先用户具有以下两个特征：①处于重要市场潮流的前端，他们现在所遇到的需求是以后许多用户在这个市场上会遇到的；②预计可以从自己需求的解决方案中获得相对较高的收益，所以他们的创新动机较高。进一步研究发现，领先用户具有丰富的专业知识和使用经验，他们也表现出一些独特的个人特质，比如较强的创新精神[38]。这些特性使得领先用户相对普通用户来说能够准确表达自己的需求并且可以根据这些需求为自己开发解决方案。

Morrison 等[39] 提出可以用领先优势状态（Leading Edge Status，LES）作为指标来测量领先用户的特征，定义 LES 为：组织或个人在面临问题时用新的方式使用技术创新来解决问题的程度，以及比市场上其他客户优先获得新产品使用收益的程度。LES 包括四个指标——较早意识到需求、从解决方案中获得

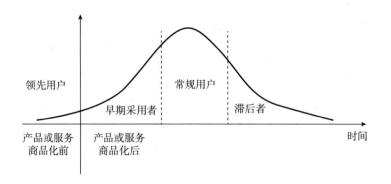

图 2 - 2　领先用户定义

较高的期望收益、用户本人和他人感知的 LES 和应用创新性。这一概念的出现标志着对用户创新的研究进入了定量化阶段。由此，他们从 LES 的角度给出了领先用户的定义：领先用户是指那些具有较高 LES 的组织和个人。

Lettl 等[40]对医药设备领域的用户创新进行了深入细致的案例研究，指出用户在革命性创新中的重要作用，具体地给出了领先用户所具有的特征。Lettl 等认为领先用户具有以下特征：具有渊博的知识，在自己的专业领域造诣颇深；能接受开发结果的不确定性；能通过技术网络获取开发新产品所需的技术知识，以在反复试错的过程中不断改进解决方案；拥有充足的开展研究活动所需的资源，如资金、设备、时间等。

国内学者对用户创新和领先用户的研究起步较晚，但近年来越来越多的学者已经意识到该领域蕴含的重大意义和价值，并对此进行了较深入的研究。陈劲等[41]介绍了领先用户的概念和领先用户研究的方法，分析了研究领先用户的作用，在移动电话领域进行了移动电话厂商的领先用户的实证研究。他们认为领先用户是这样的用户：他们现有的强烈需求，在一段时期之后才会成为多数人的需求。领先用户与早期采用者不同，领先用户所面临的需求目前在市场上还没有出现。因此，他们必须在自己或其他人能变成采用者之前发明或详细说明自己的需求[42]。

从以上对领先用户定义与特征的研究可以看出：

（1）领先用户是企业的高价值顾客。领先用户与企业保持长期的业务往来关系，无论对于企业还是领先用户，保持这种长期的合作关系都会带来相当大的经济利益与非经济利益，因此两者都会主动维护双方关系，所以领先用户通常是企业的忠实顾客，对企业有很高的忠诚度。另外，领先用户最先对企业的新产品做出反应，支持企业的产品和服务，为企业的发展贡献资金，同时又将市场需求信息快速反馈给企业，使企业能够快速对市场需求做出响应。因此无论从哪方面来看，领先用户对企业都具有很高的价值。

（2）领先用户是相关领域的专业人士。领先用户与普通用户的区别之一表现在领先用户对于产品或服务性能、质量指标、产品属性、产品结构、功能、效用等指标的市场走势具有深刻的认识与把控力，而具备这种技能的前提是对于相关领域具有足够的专业知识与技能。因此，领先用户都是具有丰富专业知识的专业人士。

（3）领先用户具有很强的市场影响力。领先用户是某种产品的市场领先者，而且领先用户一般具备一定的专业知识和创新技能，因此他们能够较准确地把握产品发展方向，对产品的改进和使用都有很大的发言权。领先用户也往往是某种新产品的早期采纳者，他们比普通用户掌握更多的新产品信息。同时，领先用户通常在用户中扮演着"意见领袖"的角色，他们对普通用户对新产品的采纳有着强有力的影响。普通用户最初对新产品的开发与使用没有兴趣，但领先用户凭借着其在某种商品中对技术与利益趋势的把握，通过不同的方式对普通用户进行影响，使普通用户的专业知识与产品认知逐渐增加，最终接受该产品。领先用户在市场上扮演着中间人的角色，处于影响力的中心，对其他顾客对新产品或服务的采纳具有很强的影响力。

（4）领先用户具有较低的创新成本和较高的创新收益。由于领先用户在知识能力、专业工具、沟通渠道等方面相比普通用户具有明显优势，因此在创新过程中他们具有更低的时间成本、学习成本、货币成本、体力成本和关系成本。同时，他们会从创新中收获更高的成就感、荣誉感和货币收益等[43]。因此，与普通用户相比，领先用户参与创新成本更低，收益更高。

2. 领先用户参与新产品开发的动机

领先用户对于企业把握消费者需求、提升创新能力、增强整体竞争力具有重要意义，能否顺应用户创新的发展潮流，充分、合理地利用领先用户进行创新对于企业未来的发展前景具有重要影响。因此，为了更好地引导领先用户参与新产品开发过程，就必须了解领先用户参与新产品开发的动机。通过对现有文献的梳理，将领先用户的参与动机归纳为以下四个方面（见表2－1）：

表2－1　领先用户参与新产品开发动机

动机	主要观点	文献来源
独特性需求	消费者独特性需求需要通过独特性产品来实现	[44，45，46，51]
高收益期望	用户对高收益的期望对用户参与水平有显著作用，预期从新产品上获得的收益越大，参与新产品开发的可能性越大。这种收益包括信任利益、社会利益、特殊待遇利益以及身份利益等	[4，11，47，48]
信息粘滞	用户为了克服信息粘性，会倾向于参与新产品开发，粘性越强，创新倾向性越明显	[4，49]
社会因素	社会因素包括通过参与创新获得的愉悦感、新鲜感、成就感及在此过程中维持的人际关系等，用户参与创新的目的在于获取这些社会因素	[13，45，48，50]

（1）独特性需求。Morrison 等[44]通过对改进图书馆用户信息系统的实证研究，证实了用户需求具有高度差异性。如果用户需求的差异性很高，那么规模制造商就会倾向于生产迎合多数人需求的产品，以此来获得规模效应，这样就必然存在部分需求不能完全得到满足的用户。领先用户的特征之一就是其需求领先于市场，因此如果他们的需求不能得到满足，而他们又有足够的兴趣和

资源开发他们想要的产品，他们就会受到激励去自己开发。徐岚[45]运用实验法，通过向被试者提供一个经过控制的场景描述，检验不同的消费者在该场景中的创造意愿程度，证实了独特性产品需求和独特性体验需求显著影响了消费者的创造意愿，独特性产品需求和独特性体验需求越强，消费者创造意愿越强。杨波和刘伟[46]对国内某智能手机厂商的产品开发论坛中的领先用户进行了问卷调查，用因子分析方法对问卷进行分析，结果表明独特性产品需求是对领先用户参与创新影响最大的因素。

（2）高收益期望。领先用户比普通用户的需求超前，所以他们开发出的新产品可能会在不远的将来成为市场的主流[47]。领先用户首先是使用者，可以从使用创新中获益，甚至还可以转变角色，成为制造商，通过生产和销售创新产品来获益。对新产品的预期收益的高低决定了领先用户愿意为其投入的资源数量。高收益期望会驱使用户积极地与企业合作甚至单独进行研发，这种收益包括：信任利益、社会利益、特殊待遇利益以及身份利益等。常静和杨建梅[48]对百度百科用户参与行为的动机进行了研究，认为实用价值动机对用户参与水平有显著作用。总之，预期的个人收益驱动着领先用户主动参与到用户创新中。

（3）信息粘滞。信息的粘性是指将信息单元以特定信息搜索者可使用的形式转移到一个具体的场合所需要的代价，代价越低，粘滞程度就越低，反之，则越高。Teece[49]对26项国际技术转移项目进行了研究，证实了在产品和服务开发过程中存在粘滞信息，且信息转移成本相当高。领先用户比制造商拥有更好的关于自身需求和使用环境的信息，但是由于信息的粘滞程度高，这些信息对于制造商来说是不清晰的，这导致制造商开发成本增加和开发时间延长，使得制造商创新意愿下降，所以当创新的技术和成本不是很高时，领先用户为了克服信息粘滞，会愿意参与新产品创新。

（4）社会因素。社会因素包括通过参与创新获得的愉悦感、新鲜感、成就感及在此过程中维持的人际关系等。人具有社会属性，对心理、情感的需求很高，有些顾客可能会因为心理上的原因而主动参与服务的生产和传递[50]。例如，在网络虚拟社区中，领先用户凭借其在知识和技术方面的优势，通过参与互动、解答问题、分享创新成果等方式，可以获得比普通用户更高的社区地位和威望，从而满足其成就感、荣誉感、自尊的需求，同时也可以在社区交流中找到有相同爱好的网友，保持长期沟通，满足其社交需求。

3. 领先用户的识别

现有的关于领先用户识别的研究中，最经典的方法是根据不同的行业特点以及领先用户的两个基本特征，用金字塔法（Pyramiding），也称为电话网络方法（Telephone Networking）来进行识别[52]。金字塔法将具有产品某领域专业知识的用户分为三个层次（见图 2-3），其中第一层次的即是领先用户。金字塔法的流程是，首先联系金字塔中任意层次的人，询问他们是否认为有人比他的专业知识丰富，然后继续询问他认为的比他领先的人，直到找到认为自己是最领先的用户的人为止。其中最先联系的人可以通过文献检索方法获得，主要包括以下渠道：产品开发团队获得的相关文章的作者；文章中提到的专家；相关期刊的编辑。这样经过几次询问就可以识别出在产品某个领域的领先用户了（见图 2-4 （a））。

金字塔法同时从几个不同的起点开始进行识别，各个识别链的某些用户可能发生重复，可能导致询问工作量大且部分用户被遗忘，仅能识别出目标群体中的部分而不是全部领先用户。因此金字塔法仅适用于领先用户较少且较分散、不需要识别出全部领先用户的情况。为了克服金字塔法的缺陷，杨波和刘伟[53]提出了结合问卷判断的串行金字塔法（见图 2-4 （b））。串行金字塔法的基本思路是：在网络论坛中随机抽出一定数量的用户，用金字塔法找到一定数量的领先用户与普通用户，然后设计相应的调查问卷对这些用户进行调查，用相应指标衡量两类用户，得到两类用户的指标值。最后根据已知用户的指标值分布，判断其他用户是否是领先用户。

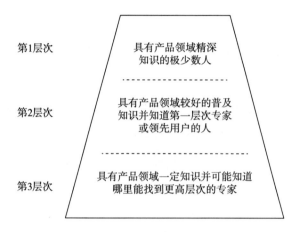

图 2 - 3 专业知识金字塔

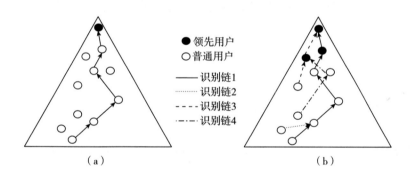

图 2 - 4 金字塔法 (a) 与串行金字塔法 (b)

从图 2 - 4 可以看出，在寻找领先用户时，金字塔法的每条识别链是独立的，每条识别链识别出一位领先用户。串行金字塔法则是先进行识别链 1 的调查，确定两位领先用户和四位普通用户；然后识别链 2 的第一步就指向一位普通用户，所以起始节点的用户都是普通用户，识别链 2 的调查结束；识别链 3 经过两步指向一位已经识别的用户，且该用户为领先用户，则对该识别链进行倒推判断，识别出其中一位是领先用户，另一位是普通用户；识别链 4 指向识别链 3 的一位已识别领先用户，则调查终止，对该识别链进行倒推判断，判断该链条上所有用户都是普通用户，至此，所有目标用户均识别完毕。不难看出，相比金字塔法，串行金字塔法可以识别出群体中的所有领先用户。

此外，何国正和陈荣秋[54]根据消费品行业特点，提出将顾客能力作为衡量领先用户的指标，通过考察用户的顾客能力大小来识别领先用户的消费品行业领先用户识别方法。杨波和刘伟[55]在网络论坛条件下研究了领先用户识别问题，确立了识别领先用户的三大指标：市场或技术趋势、用户收益、信息复杂性，建立了领先用户识别模型。

第二节 客户参与新产品开发方式研究

一、客户参与对新产品开发的影响

资源依赖理论（Resource Dependence Theory）在解释企业和客户的关系上具有重要的影响力。资源依赖理论的基本假设是：没有任何一个组织是自给自足的，所有组织都必须为了生存而与外部环境进行交换，这种获取资源的需求使组织产生了对外部环境的依赖。但组织在这种依赖关系中并不是被动的，相反，一个组织可以主动地通过和其他组织建立正式或非正式的联系来管理自身的资源依赖以及减少由此而产生的不确定性。也就是说，减少资源依赖的主要途径之一在于和资源的拥有者合作。在新产品开发过程中，与客户相关的使用环境和需求信息是企业必须依赖的重要资源，且依赖程度很高，因此企业减少依赖的最好方式就是让客户参与新产品开发。

在很多领域中，产品开发中的客户参与对于产品开发的成功起到了至关重要的作用。Gruner 和 Homburg[56] 通过对德国机械行业的实证研究发现，客户在产品开发中的参与程度与开发成功率具有显著的正相关关系，并且在产品开发的不同阶段（创意产生、产品概念设计、项目定义、产品开发、模型测试、市场投放等），其影响程度也不尽相同。另外，参与客户的特征也对开发成功有着显著影响，这些客户特征包括：技术吸引力、财务吸引力、客户关系和领先用户特征。

Kristensson 等[57] 在手机服务行业中，对分别由普通客户、高级用户和企业研发人员组成的创意开发小组进行实验发现，企业研发人员的创意更具有技术可行性，但客户更能想出具有高度价值的创意。因此客户参与新产品开发不仅能满足客户的需要，也能够使新产品更具创新性。

Cui 和 Wu[58] 提出客户参与企业新产品开发的方式有三种：客户作为信息源、客户作为共同开发者和客户作为创新者，并通过实证研究证实客户参与能够有效地提高企业创新能力。

国内学者曹颖和张米尔[59] 以我国 260 个软件项目为研究样本，从参与深度和参与宽度两个维度衡量客户参与程度，研究客户参与对软件产品创新绩效的影响。结果表明，在软件产品创新过程中，客户参与对软件产品创新绩效具有积极的正向作用。李霞等[60] 以客户能力、客户互动意愿、客户体验需求和客户满意度四项指标表征客户特性，通过对制造企业的实证调查，证实客户特性对企业技术创新绩效有积极影响。杨依依和陈荣秋[61] 提出，客户在新产品开发中扮演着资源、共同创造者及使用者三种角色，企业只有通过利用客户间的互动价值才可能有效利用客户创新的潜力，从而赢得商业和经济上的成功。

二、客户在新产品开发中的角色分析

在战略管理和质量管理文献中，学者们识别出客户在价值创造中的五种角色：资源、共同创造者、购买者、使用者和产品[62]。前两种客户角色位于组织活动的上游或输入侧，其他三种角色位于组织活动的下游或系统的输出侧。传统理论认为，在产品开发过程中客户主要担任三种角色：客户作为概念源、客户作为共同创造者、客户作为使用者[63]。在新产品开发的概念产生阶段，客户是企业新产品开发中最具价值的资源，为新产品开发贡献自己的想法与需求信息等；在产品设计阶段，客户的角色是共同创造者，参与新产品设计，客户可以识别比较重要的、自己喜欢的产品特征，并且对这些特征进行排列优先顺序，还可以设计和选择自己最喜欢的产品，同时可以详细说明对产品界面的需求；在新产品开发的最后测试阶段，产品原型设计出来后，客户作为使用者来对产品原型进行测试及准确评价，同时和其他客户交流产品使用经验。

在网络环境下，客户中的领先用户往往是产品的早期采用者，他们对普通用户有很强的影响力，网络环境使得他们的这种影响力得以充分发挥，他们越早采用新产品，对普通用户的影响就越大，对新产品推广绩效就越有利。因此，本书提出，在网络环境下，客户除了扮演概念源、共同创造者和使用者的角色外，其作用还需要延伸参与到新产品早期扩散阶段，即担任早期推广者的角色。在产品早期推广阶段，领先用户作为早期采用者在网络环境下与普通用户分享新产品使用经验，对普通客户产生影响，帮助企业实现产品扩散。在产品开发过程中，企业与用户间的互动关系如图 2-5 所示。

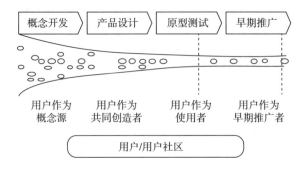

图 2-5　新产品开发中客户的角色

1. 客户作为概念源

创新开始于创造性的创意，如果一个企业希望在产品开发中取得成功，开发出新的、有价值的创意将是关键。新产品开发的创意产生和概念开发阶段，企业主要集中于对市场机会、新思想和新概念的产生和识别上。作为企业产品创新的出发点和最终归宿，客户是产品创新创意和概念的最重要来源。在新产品概念开发阶段，客户作为企业的概念源，主要表现在信息提供与决定行为，为企业的新产品发展提供方向等。企业通过在线服务、意见反馈、创意竞赛、市场调研、虚拟用户社区等方法获取用户对与新产品概念的评价和产生有价值的创意。

客户作为新产品开发的概念源，可以提高企业新产品开发的成功率。一方面，对客户需求的深入理解可以减少产品开发的不确定性，降低市场风险；另一方面，新产品的产生需要各种不同类型的知识结合，在新产品前期通过获取不同类型顾客的知识，可以成为企业内部欠缺的知识资源的有益补充。实践中，已经有很多企业通过各种方式充分利用客户作为概念源的功能，例如，宝马汽车举办了和在线服务以及未来驾驶辅助系统有关的创意比赛，以收集客户创新；菲亚特汽车为了测试 Punto 车型的设计概念，邀请客户访问公司网站对产品特性进行选择，通过这项活动，菲亚特公司获得了目标客户群体的喜好信息，以低成本测试不同的设计概念从而设计出更能满足顾客喜好的汽车，同时客户也获得了更接近其需求的产品[64]。

2. 客户作为共同创造者

客户具备创新性，而且客户拥有自身的需求信息和使用环境信息，因此客户可以作为共同创造者参与产品设计，包括产品结构的选择、产品特性的设计和优化、产品界面的说明、开发过程优先权和衡量标准的建立等。研究显示，无论是工业品市场还是消费品市场，企业通常能够从客户在产品设计阶段的共同创造中受益。客户参与共同创造的动机主要由于增加的控制权而产生的自我尊重感、更多自由选择的机会和获得更高定制化的产品[65]。

客户可以有效识别出关键的产品特征，并按照喜好程度对这些特征进行排序，能够详细阐明对产品界面的要求，客户参与产品设计可以克服以上信息的粘性，降低企业研发成本和风险，加快新产品开发速度，已经有越来越多的企业让客户参与到产品设计中。例如，波音公司在开发波音 777 客机的时候，让一部分客户代表参与到创新团队中，来帮助他们完成产品设计；苹果公司为客户提供产品硬件（iPad、iPhone 等）和创新工具包，由客户自己完成应用程序模块的开发，并通过建立 App Store 进行应用程序销售来激励客户参与创新。

客户作为共同创造者，承担着通常被认为是企业内部活动的一部分工作，与企业共同进行价值创造。当客户作为共同创造者参与企业新产品设计时，客户可以被看作是企业的部分员工，因此一些企业管理内部员工的方法可以被运用到对客户的管理和监督中来。和作为概念源的角色相比，客户扮演共同创造者角色时，企业与客户间的联系更加紧密、互动频率更高，企业也就需要付出更多的成本来支持这种高频率的互动。因此，企业在与客户共同进行创造活动时，需要对成本与收益做出权衡，以使其获得的客户贡献大于系统不确定性和互动支持机制所增加的成本。

3. 客户作为使用者

在原型产品测试阶段，企业向客户提供创新产品原型，测试产品满足客户需求的程度，并根据客户反馈意见对产品原型进行改进。这一阶段，客户作为产品使用者，对产品原型进行试用、测试和评价，并将使用感受和改进建议详细地反馈给企业，企业再根据反馈信息对原型产品进行进一步改良，然后再将改进后的产品给客户试用并再次进行改进，如此反复直至客户对产品原型满意为止。在此阶段，为了迅速获得客户的反馈意见，企业需要与客户保持频繁的沟通，互联网和信息通信技术的发展降低了企业与客户间的沟通成本、加快了反馈速度，促使企业可以把测试产品的工作交给不同背景的客户，并且帮助客户组成虚拟社区以提供产品支持。

无论是工业品还是消费品，都可以看到客户参与产品测试。特别是在软件业，这种现象尤为明显，许多企业会邀请客户参与到 Beta 测试中，从而减少企业内部的产品测试投入。客户参与产品测试能够帮助企业更快、更早地发现产品缺陷，从而避免重复设计和错误累积。例如，微软公司将 Windows 2000 Beta 版发放给 65 万多名软件工程师，让他们测试产品，对软件中存在的问题进行反馈，对产品的特征提供可行更改意见。客户作为使用者参与测试，为微软节省了价值相当于 5 亿多美元的时间、精力和相关费用。

4. 客户作为早期推广者

将新产品成功商业化是企业产品创新的最终目的，具体包括定价、产品定位、早期推广等一系列活动。客户作为新产品的最终消费者和使用者，是新产品商业化过程的坐标，新产品的市场定位和定价必须建立在充分的客户调研的基础上。领先用户作为市场的领先者，在知识背景和使用经验上都具有优势，对产品技术和发展趋势、产品的使用和改进都具有很大的发言权。领先用户也是新产品的早期采纳者，他们的使用感受和产品评价对其他用户的新产品采纳行为具有很强的影响力。特别是在网络环境中，快速便捷的交流方式加强了领先用户的影响力，通过线上的不断交流和沟通，领先用户可以为普通用户提供新产品的价格、性能和使用感受等信息，提高普通用户对新产品的认知和兴趣以使其最终采纳新产品，从而达成新产品的早期推广。例如，小米手机在进入市场时，几乎没有任何的营销成本，没有明星代言人也没有电视和平面广告，产品的造势和宣传几乎都是通过社交媒体完成的，其中重要的一项措施就是激励发烧友在社区中向其他普通用户宣传和推广新产品。团队通过组织各种活动、赠送社区积分等方式，鼓励社区用户间进行积极交流，促进了新产品信息的传播，形成病毒营销。通过利用客户作为产品的早期推广者，小米公司节省了巨额的营销成本。

三、客户参与新产品开发中的管理问题

客户参与企业产品创新过程可以提高企业创新绩效、为企业节省研发成本，但每个行业和企业都有自身不同的特点，因此客户在参与方式、参与程度、参与范围等方面也要有所区别，才能达到最佳的参与效果，这就需要企业对客户参与产品创新活动进行有效的管理。针对这一问题，国内外学者进行了大量研究。例如，Gruner 和 Homburg[66] 定义了在新产品开发过程中客户参与的范围以及参与客户的类型。Kaulio[67] 将产品创新过程中的客户参与程度分为横向和纵向两个衡量维度：横向维度是指客户从创意产生、概念开发、产品设计、原型测试一直到市场引入等整个过程中的参与点的多少；纵向维度是指客户在每一个参与点的参与深度。根据每一个参与点的参与深度的不同，将客户参与创新的程度分为三类，即为用户创新、用户共同创新和由用户创新。Schweitzer[68] 探讨了客户参与企业新产品开发中的客户选择问题，以及如何激励客户参与。Elofson 和 Robinson[69] 对客户参与产品开发的系统进行了设计及仿真。国内学者杨育等[70] 提出了客户协同创新的产品创新模式以及绩效评价方法；张雪和张庆普[71,72] 指出了客户参与企业创新协议达成的条件，并从知识创造的视角出发分别确定了企业与客户协同产品创新活动的投入、产出要素，建立了投入产出分析模型，为客户协同产品创新决策提供新的方法与依据。朱俊和陈荣秋[73] 分析了产品创新过程中客户角色及类型，探讨了三种程度不同的客户参与产品创新的形式，指出不同类型的客户采用不同的方法参与产品创新，所得到的效果也是不一样的，并由此探讨了选择合适客户参与产品创新的方法。高鹏斌和何中兵[74] 将新产品开发划分为概念形成、设计和开发、测试和上市三个阶段，与此相对应，客户将承担概念源、共同生产者和最终使用者三种角色，并分析了这一过程潜在的风险性因素，提出了相应的防范措施。

第三节 创新社区的相关研究

一、创新社区的概念界定

互联网具有开放、经济和无所不在的特征[75]，这些特征缩短了个体之间的物理距离，提供了不同于实体环境的虚拟环境，从而造就了一个虚拟市场空间，其中虚拟社区（Virtual Community）是这个虚拟市场空间的核心元素之一[76]。虚拟社区的概念最早由 Howard 提出，他认为：当足够多的人以足够多的时间通过计算机网络进行沟通，彼此有一定程度的认识、分享知识和信息并相互关怀时，就在网络空间中构建起人际关系网络，形成一种社会集合，即虚拟社区[77]。Armsrong 和 Hagel 认为，虚拟社区就是人们可以围绕兴趣或需求进行在线交流的场所，以在线形式创造社会和商业价值[78]。Tapscott 等指出虚拟社区不仅是技术、产品或客户的组合，更是感情、行为、价值观、语言、时间和空间的组合[79]。国内学者徐小龙和王方华提出虚拟社区是人们形成和维持社会及经济关系的虚拟空间[80]。通过以上定义不难看出，创新社区具有三个典型特征：①开放性。任何对虚拟社区主题感兴趣的用户都可以自由加入或退出社区，不受地域、年龄、职业和信仰等因素的限制。②跨地域和跨时间。虚拟社区的网络属性使得它能够克服传统社区交流的地域和时空限制，任何地点的人在任何时间都可以就共同的兴趣在虚拟社区中展开交流。③互动性。虚拟社区是一种在线的人际关系网络，社区成员的不断交流和互动是社区发展的关键。

虚拟社区的普及和渗透让用户间的距离以及沟通成本都降低到了前所未有的程度，因此使得原本孤立的、分散的用户得以相互联系在一起，方便地沟通和获取彼此需要的信息，可以通过合作完成创新项目来获取效益，这就形成了用户创新社区，开源软件项目是创新社区最典型的成功案例。用户作为创新源越来越受到重视，而随着科技的发展，创新所需的知识和技术越来越复杂，单一用户创新将更加困难，而用户创新社区可以很好地解决这一问题。

von Hippel 将用户创新社团定义为"一个由相互联系的用户组成的有目的的连接，这些用户可以通过面对面的沟通、电子邮件、网络社区等信息交换机制而发生相互联系"[81]。在创新社团中，用户愿意与其他人免费分享自己的创新成果，社团成员可以通过合作完成创新项目而获得收益。当社团中有成员进行创新，并愿意公开有关创新的相关信息，同时社团中有其他用户对公开的信息感兴趣时，创新社团就可以得到发展[82]。Fichter 则认为之前有关创新社团的定义有助于描述和解释用户在社团中扮演的角色，但没有考虑整个开放式创新过程中其他的相关者。因此，Fichter 提出：创新社团是一个非正式的网络，志趣相投的来自不同公司或组织的成员在这里聚集在一起，作为普通的或特殊的创新促进者，协作完成一项创新。Fichter 认为，创新社团与其他的社交网络相比具有三个关键特征：总是与特定的创新想法或创新项目有联系；在创新过程中，所有成员都起到促进作用；成员合作紧密而且是非正式的，类似于团队[83]。随着网络的发展和普及，创新社团的相关活动逐渐由线下转移到线上，创新社区是创新社团的在线形式，既具有创新社团的相关特征，又具备一般虚拟社区的特征。

因此，本书将创新社区定义为：创新社区是网络环境下创新社团的在线形式，是以信息和通信技术为支撑，由对特定产品或创新项目有共同兴趣的成员组成，利用计算机和通信网络支持产品问题处理或解决方案开发的网络虚拟社区。相比线下环境的创新社团，创新社区摆脱了时间和空间的限制，可以将世界各地不同国籍、不同种族的用户聚集起来，成员范围更广泛、数量更庞大。

二、创新社区与新产品开发

以 von Hippel 为代表的学者分别对用户创新社区开发信息产品与物质产品的过程进行了实证研究，研究主要聚焦在两方面——开源软件和户外运动用品。von Hippel 通过对阿帕奇网络服务器和 Fetchmail 两个开源软件项目开发过程的研究，详尽阐述了用户创新社区的创新过程和功能，总结了基于社区的产品创新的关键特征[81]；Jeppesen 通过对计算机游戏的研究，发现在创新社区中存在大量的用户互助行为[84]。用户创新社区的创新活动不仅局限于信息产品，他们对物质产品的开发也很活跃，且采用了与信息产品开发类似的方法。Franke 和 Shah 研究了一个滑雪社区开发和改良他们的滑雪装备的过程，描述了相对简单的社区结构[85]；von Hippel 以风筝冲浪运动中风筝的设计与改进过程为例，发现创新社区在开发复杂的物质产品的过程中在工具和基础设施方面类似于开发信息产品的社区。

国内学者对创新社区的研究起步较晚，但近年来学术界关注到了互联网和用户创新的快速发展，对创新社区也进行了大量研究。例如，秦敏等从复杂适应系统（CAS）理论的视角出发，以我国知名企业创新社区用户为调查对象，通过实证研究证实用户互惠和社区激励对创新社区用户在线贡献行为均有显著正向影响[15]；詹湘东提出了基于创新社区的企业开放式创新模式，并指出了各模式的具体实施和管理措施[86]；鲁若愚和朱卫杰利用 Netlogo 软件对创新社区的创新绩效进行了仿真建模，指出社区增长率与创新绩效正相关[87]；王莉和任浩通过实证研究指出不同维度的消费者互动均对群体创造力有显著正向影响[88]。

电子信息技术的发展和沟通成本的降低使得用户创新社区得到快速发展。宝马、星巴克和戴尔等各个行业的代表性企业都意识到了用户创新社区的重要性，它们都为用户建立了专门的创新社区，以便从中获取有价值的客户知识[89]。创新社区中的知识创新效果取决于社区中互动的数量和质量，创新社区的快速发展和持续性知识创造源自三个因素：①用户创新动机。用户在创新社区中投入了很多时间和精力，但通常不会得到物质形式的回报，他们的回报以其他形式体现[90]。外部动机（如同行的认可）和内部动机（如乐趣、好奇心等）都可以促进用户在社区中的创新参与。企业在采取措施激发用户的创新动机时，需要特别注意平衡各种动机之间的关系，否则反而会适得其反[85]。②用户需求的异质性。用户需求是异质的、非结构化的，广泛分布于用户之中，当仅有少数用户参与社区创新时，创新成果不能满足社区其他用户的需求。因此，其他成员为了获得符合自己需求的产品，也会参与到社区创新中，这就使得社区中的互动和创造活跃起来[91]。③用户创新成果和创新过程中的持续沟通需要一个网络媒介——创新社区。编码化的、明晰的显性知识是易于传播和获取的，而隐性知识则与之相反。在创新社区中，用户不仅能够获得显性知识，还能够在彼此对使用经验、产品反馈的描述和创新工具箱的使用中获得隐性知识[92]。

创新社区中的用户可以聚集在一起，通过集体的智慧独立完成新产品开发。同时，也可以作为一个用户整体，参与企业新产品开发活动，与企业协同创新。创新社区的出现使企业与用户间的距离逐渐缩短、互动更加频繁和持久、沟通成本也持续降低，从而改变了企业新产品开发中用户参与的方式和深度（见表2-2）。在网络环境下基于创新社区的用户参与企业新产品开发过程中，用户不再是被动的被调查者和被测试者，而是创新企业的合作伙伴，是创新活动的主动参与者。同时，在线环境扩大了用户的影响力，领先用户和早期采纳者可以通过创新社区向普通用户普及新产品和新技术知识、分享新产品使用经验，从而提高普通用户对新产品的采纳意向，完成新产品的早期推广。因此，用户在企业新产品开发过程中的作用不再局限于概念开发和原型产品测试阶段，而是延伸到了包括概念开发、产品设计、原型产品测试和商业化在内的新产品开发全过程。网络环境降低了企业与客户间的沟通和互动成本，让双方的互动更加频繁和丰富。企业与客户的互动由单向的知识输出转变为互动式的对话，这种双向对话式的互动方式可以帮助企业在新产品开发过程中向用户进行学习。互动的丰富性也得到提高，创新社区帮助企业解决了企业与用户间的以及个人用户间的知识分享问题。总体来说，网络环境使得用户得以全面参与到企业的价值创造过程中，帮助企业更快更好地完成新产品开发过程。

表2-2 创新社区用户参与企业新产品开发的主要特征

比较内容	用户在物理环境下的参与	创新社区用户在网络环境下的参与
创新角度	以企业为中心	以用户为中心
用户角色	被动——用户的声音作为新产品开发和测试的输入	主动——用户作为新产品开发的合作者
用户参与阶段	概念开发和原型产品测试	包括概念开发、产品设计、原型产品测试和商业化在内的新产品开发全过程
互动方向	单向——从企业到用户	双向——与用户对话
互动密度	基于偶然性的基础	持续性的交流
互动丰富度	聚焦个人知识	聚焦社交和体验知识
沟通和互动成本	高	低

第四节 本章小结

基于以上文献综述，本书认为在用户创新、创新社区和用户参与新产品开发方面尚有很大的研究空间与挖掘潜力，且相关技术领域的研究成果也为这一主题的深入研究准备了较为坚实的基础。总结为如下几点：

（1）文献表明，现有文献对用户创新和客户参与新产品开发已有较成熟的研究，但现有的研究多数仍停留在传统模式下，对于智能手机和社交媒体的发展对客户参与新产品开发的影响考虑较少。

（2）文献表明，客户在企业新产品开发过程中可以担任概念源、共同创造者和使用者的角色。在网络环境下，领先用户作为产品的早期采用者，他们对普通用户有很强的影响力，网络环境使得他们的这种影响力得以充分发挥。因此，有必要将用户的作用延伸到新产品早期扩散阶段，即担任早期推广者的角色。

（3）现有文献已经对客户在企业新产品开发中的重要作用予以了充分肯定，同时也对客户参与企业新产品开发的阶段、方式和管理问题进行了大量研究。但这些研究多是在传统的客户在线下环境参与新产品开发的基础上进行的，而且参与客户多是领先用户。网络环境降低了企业与客户间的沟通成本，扩展了客户可参与的开发阶段，也改变了客户的参与方式，同时创新社区使得参与开发的客户的范围和数量都得到了扩大，不仅领先用户可以参与企业新产品开发，社区中的普通用户甚至潜在用户都可以为企业创新活动提供有价值的信息，共同进行新产品开发和价值创造[93]。因此，有必要基于在线环境和创新社区的特征，对客户参与企业新产品活动的各项管理问题进行研究。

（4）现有文献虽然对创新社区已有一定的关注，但主要集中于对社区组织形式与社会结构、社区用户参与行为与动机、社区内知识共享机制等方面的研究。因此，有必要将创新社区视为一个集合了大量客户的整体，对其如何与企业协同创新、共同实现价值创造进行研究。

第三章　基于创新社区的客户
参与新产品开发流程

创新是社会经济发展的不竭动力，是构成企业核心竞争力的关键因素。随着科技的进步，特别是互联网、社交媒体和移动智能终端的普及与发展，知识转移速度加快、客户需求日益个性化、产品生命周期缩短、市场竞争越来越激烈，这些变化对企业的创新能力提出了更高的要求，完全依靠企业自身资源难以经济地达到这一要求，这就需要企业改变封闭式创新的思想，积极搜索、识别、获取和利用一切内外部资源，通过资源共享和优势互补来实现创新，即实施开放式创新[94]。

客户作为市场的主体和核心，其需求是创新活动的出发点和最终归宿。随着科技的发展，创新活动所需要的资金、技术、设备等资源越来越多，使得单一用户难以独立完成创新活动，创新社区通过对独立用户的集合很好地解决了这一问题。同时，对于企业来说，创新社区相对分散的独立用户来说更加集中和便于管理。因此，将创新社区嵌入企业创新活动中，是企业管理和利用用户创新源、实施开放式创新的有效方式。

创新流程是企业确立创新组织、选择创新模式和制定创新战略的基础[7]，企业要完成由封闭式创新到开放式创新的转变首先需要对创新流程进行再造。

因此，本章基于对开放式创新、用户创新、创新社区和创新流程的深度理解，考虑网络环境下企业创新与用户创新的新特征，提出由领先用户担当"用户守门员"，阐述了基于用户守门员的创新社团知识创新过程；构建了基于创新社区的企业开放式产品创新流程模型，并对其具体实施和应用方法进行了详尽阐述。

第一节　创新社区、知识创新与新产品开发

在创新社区中，客户间可以平等地进行沟通，相互交流产品和技术信息、分享产品使用经验、协助解决产品使用问题，甚至可以联合起来，通过集体的智慧，在不借助企业和科研机构帮助的情况下，独立完成新产品开发。开源软件项目就是创新社区成员独立完成产品开发的最典型案例。创新社区中客户联合进行新产品开发的过程就是一个知识创新的过程。创新社团要不断发展，就需要不断拓宽知识联系的边界，不断从外部获取新的知识并进行知识创造。因此，为了有效实施基于创新社区的新产品开发流程，有必要对创新社区中的知识创新过程进行深入理解，以便于新产品开发过程中有针对性地采取管理和激励措施。

一、用户守门员的定义和内涵

创新活动是一个创新网络中成员间知识转移的过程[95]，而实证表明：知识，特别是隐性知识，只能在彼此信任的一对一交往中才能转移[96]，这被称为网络成员间的社交亲密性（Social Proximity），社交亲密性可以使网络成员间

知识传递更便捷，但同时过度的亲密性也有可能带来技术锁定（Technological Lock - in）的弊端[97]。因此，为了使企业网络中的企业既能充分沟通，又避免技术锁定，在网络内部和外部知识之间就需要一个连接中介[98]，即企业网络内某一成员直接与外部企业或者研究机构联系获取技术，然后通过技术溢出与扩散的方式将技术推广到网络内其他成员，使企业网络技术水平得到提升。Giuliani 把这些在企业网络与外部进行技术联系的过程中起桥梁作用的企业和组织称为技术守门员（Technological Gatekeepers）[99]。

同理，在创新社区中，知识的转移特别是隐性知识的转移需要用户间一对一的接触，如果用户间亲密度不够，则不利于知识转移，但如果过于亲密，则会造成信息闭塞，因此，在创新社区内外部知识间也需要一个传递中介。以此为出发点，我们将用户守门员定义为：在用户创新社区内部与外部知识传递的过程中起中介作用的用户称为用户守门员[100]。

用户守门员的内涵包括以下几个方面：

（1）以内外部联系程度为分类标准，可以将创新社区用户分为内部导向用户、外部导向用户、消极用户和用户守门员四类。用户守门员是用户创新社区中内外部知识传递的桥梁，既有积极的内部联系活动，又有积极的外部联系活动，如图 3 - 1 所示。

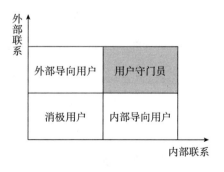

图 3 - 1　用户守门员定义

（2）用户守门员是用户创新社区获取外部知识的重要渠道，他们是新技术和新产品的早期使用者。在某些情况下，他们把复杂的、高度编码的知识转化为更加情景化的、让普通用户更加容易理解的知识。用户守门员可以促进外部知识的获取，并将从外部吸收的新知识转化并传递给其他用户，促进用户创新社区的知识创新。

在用户创新社区内，用户守门员扮演着集散节点的角色，其他的普通用户为了提高自身专业知识或获取其他资源，就要与守门员用户建立关系，使得用户守门员拥有比普通用户更多的连接数目。由于网络的动态开放性，用户间的联系不仅局限于创新社区内部，企业也积极地加强与用户的联系。企业在发展与创新社区的联系时，也趋向于与守门员用户建立联系，这样它能获得用户网络的整个资源。若企业与网络内的普通用户建立联系，则只能获得单个用户的资源，而不能获得整个网络的资源。用户守门员不仅掌握了网络的资源，同时也不断地获取社区外部新的知识，使其自身更加强大，关系、技术资源的占有也更加丰富，与企业的联系也更为密切。

（3）用户守门员在创新社区内的知识获取与扩散过程分为三步：首先，用户守门员从社区外部获取信息并进行学习吸收；其次，将其转化为普通用户易于理解的情景化的知识；最后，将知识传递给网络内其他用户。因此，用户守门员的职能主要有两项：外部信息搜索与获取；社区内部知识的扩散。

（4）麻省理工学院教授 von Hippel 最先提出了领先用户的概念，领先用户是指那些现有的强烈需求将在不远的未来成为市场普遍需求的客户。领先用户有两个特征：①领先于市场潮流，所以他们现在所需要的解决方案将来会成为其他众多用户的需求；②预计可以从自身需求的解决方案中获得相对较高的收益。

领先用户比普通用户具备更丰富的实际生活经验和更先进的产品、技术知识。领先用户具有领先于普通用户的市场需求，他们可以扩展性地使用产品，对产品的性能、操作和优缺点也更熟悉[101]。因此，我们认为在用户创新社区中，用户守门员应该由部分愿意承担此职责的领先用户来担任（见图3-2），领先用户具备丰富的专业知识和关系资源，能够快速消化吸收外部企业的新技术新产品，并通过创新社区中的关系联结把其获取的技术和知识向其他用户扩散，从而促进整个创新社区对外部信息的获取。

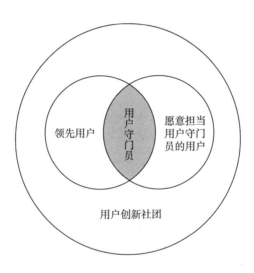

图3-2　由领先用户担当用户守门员

二、基于用户守门员的创新社区知识创新过程

用户守门员由愿意承担此职责的领先用户担当，作为领先用户的守门员往往是新技术、新产品的早期采纳者和使用者，在一定条件下，他们可以把复杂的、高度编码的外部知识转化为更加情景化的、普通用户更容易理解的知识。因此，用户守门员是用户创新社区最重要的外部知识获取途径。作为社区内外部联系的"桥梁"，用户守门员把社区外部大量的科学技术和产品信息引入社区内部，重新编码后扩散给社区内其他用户，从而使整个社区能够有效吸收外

部知识，促进创新社区的知识创新（见图3-3）。

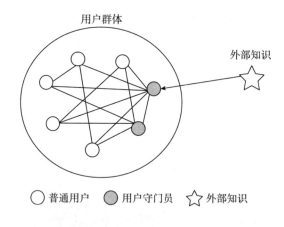

图3-3 用户守门员与外部知识获取

创新社区的目的在于将个体用户聚集在一起，通过集体的智慧，实现个体用户无法单独完成的创新活动。仅是知识的共享不足以达成这一目标，因此需要进一步进行知识的整合。创新社区中知识创新的实质是用户守门员主导的显性知识与隐性知识的相互作用与转换过程。日本学者野中郁次郎和竹内弘高提出在企业创新活动过程中隐性知识与显性知识之间相互作用、相互转化，显性知识与隐性知识之间有效转化和互动的过程就是企业知识创造的过程。知识转化的基本模式有四种——社会化（Socialization）、外部化（Externalization）、组合化（Combination）和内部化（Internalization），即著名的SECI模型[102]。这一知识创造螺旋过程不仅适用于企业，也同样适用于创新社区。基于用户守门员的创新社区知识创新过程如图3-4所示。

（1）用户守门员知识内部化。内部化是显性知识到隐性知识的转化，是一个将显性知识具体化和形象化的过程。具体来说，用户守门员从社区外部搜寻到技术、方法、产品等方面的显性知识后，进行吸收消化，并结合自身原有

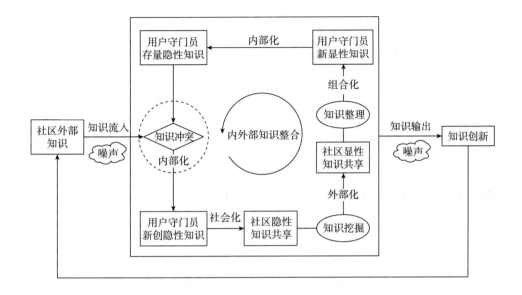

图3-4 基于用户守门员的创新社区知识创新过程

知识，将其升华为自己的隐性知识的过程，就是社区外部知识在用户守门员中内部化的过程。在这一过程中，用户守门员获得的外部知识有可能与其原本拥有的知识相冲突，但正是这种冲突提供了知识创新的机会，推动了 SECI 过程。另外，对于自身拥有的显性知识，用户守门员也会对其进行学习、体会和整理，再进一步将其内化为自身的隐性知识，从而使知识得以升华和发展。

（2）用户守门员知识社会化。社会化是隐性知识向隐性知识的转化过程。由于隐性知识的特性，用户很难直接通过语言获得，通常需要在观察、模仿和实践的过程中建立隐性知识。因此社区内普通用户通常是在与用户守门员共同解决问题的过程中，完成隐性知识的共享的。该用户又可以在与其他用户合作时，将该隐性知识扩散给其他用户，当社区内获得该隐性知识的用户达到一定规模后，就形成了创新社区的隐性知识。

（3）用户守门员知识外部化。外部化是隐性知识向显性知识的转化过程。通过社区用户间的相互交流，隐藏在用户间的隐性知识逐渐明晰，借助一定的表达技术，将隐性知识用显性化的概念和语言清晰地表达，就完成了知识的外部化过程，这在社区的知识创新过程中是一个至关重要的环节。

（4）用户守门员知识组合化。组合化指显性知识与显性知识的组合。知识经过外部化后，从隐性知识转化为了显性知识，变得明晰起来，在此基础上，社区内成员对显性知识进行筛选、补充、分析，将不同的显性知识组合在一起，形成新的显性知识。同样，社区中的用户守门员也在这一过程中形成了新的显性知识，并逐渐将其内化为自身的隐性知识。用户守门员的隐性知识与社区外部知识发生碰撞产生知识冲突，再次进入知识内部化过程。如此周而复始，创新社区在用户守门员的引导下，不断获取外部知识，并将其与内部知识进行整合，形成新的内部知识，实现知识的转移与创造，为创新社区进行创新活动提供了知识支持。

三、创新社区中的知识创新与新产品开发

新产品成功的关键一方面依赖于产品本身，如外观、性能、功能和结构等；另一方面也取决于客户的特质，如情感、期望和目的等。企业在进行新产品开发时，必须对客户有充分的认识，深入理解和挖掘与客户相关的知识，客户知识在新产品核心竞争力的构建中具有关键作用[103]。当前，企业市场开拓和新产品开发中需要的客户知识主要由三部分构成：关于客户的知识（Knowledge about Customers）、用于客户的知识（Knowledge for Customers）和客户拥有的知识（Knowledge from Customers）[104]。其中，"关于客户的知识"主要指客户的基本情况，既包括客户的人文统计信息（如姓名、性别、年龄等），也包括客户与企业的交易记录、服务记录等。关于客户的知识是企业进行市场分析的基础，企业可以利用这类知识了解客户需求、进行客户分析和定位，并制定相应的产品开发和市场营销策略。"用于客户的知识"是客户所需要的知识，包括产品和服务信息、专家指导意见等，知识传递方向是由企业到客户。

这类知识有助于提高客户对企业产品的了解，进而提高产品采纳的可能性。"客户拥有的知识"指客户自身具备的技术、产品和市场等方面的知识，以及产品使用反馈、改进建议等，知识传递方向是由客户到企业。这类知识能够帮助企业获取外部创新资源、改进产品和服务、提升研发能力。

创新社区将不同种族、不同国家、不同年龄的客户在网络上聚集起来，客户在创新社区中不断进行知识获取和知识创造，创新社区中包含了企业新产品开发所需的全部三类客户知识，具体包括：①关于客户的知识：客户作为社区成员会在创新社区中填写性别、年龄、所在地区、教育背景等基本资料，客户在发帖回帖中也会透露产品购买、使用环境和关系网等信息，因此企业从创新社区中能够快速获得客户基本信息，帮助企业进行产品和市场决策。②用于客户的知识：企业可以通过客户在创新社区中的交流记录，了解客户的知识需求，从而有针对性地向客户传递它们所需要的知识。同时，创新社区也是一个低成本、高效率的企业向客户进行知识传递的平台。③客户拥有的知识：客户在创新社区中不断进行外部知识获取和整合，从而不断形成知识创造。客户在相互交流讨论使用心得和合作完成产品开发的过程中，会形成新产品概念、设计方案、改进建议和产品使用反馈等贯穿新产品开发全过程的客户知识，企业既可以从中获取产品概念，也可以直接获取成熟的产品设计方案。因此，创新社区中几乎涵盖了企业新产品开发所需的全部客户知识，对创新社区中的客户知识进行管理和利用对企业新产品开发具有重要意义。目前，已经有越来越多的企业意识到创新社区的重要性，耐克、宝洁、微软等公司网站都已建立专门的创新社区，使客户可以在其中相互交流、进行新产品开发中的各项知识创新活动[105]。

第二节 基于创新社区的客户参与
新产品开发流程重塑

一、基于创新社区的新产品开发流程特征

有效的流程管理是新产品开发的基础和根本，国内外学者对企业新产品开发流程进行了大量研究，一般都是遵循企业主动战略的方式进行阐述，即新产品开发是按照从创意的产生到创意实体化再到价值实现的过程而进行的，企业通过信息收集、决策、组织资源来实现创新[106]。目前应用最广泛的产品创新流程管理模式包括门径管理（Stage – Gate）、产品及周期优化法（Product And Cycle – time Excellence，PACE）和集成产品开发（Integrated Product Development，IPD）。这三种模式都强调按照一种标准的方法来划分产品创新各阶段，概括而言包括创意（概念、计划）、开发（产品设计与测试）和扩散（市场验证、产品发布、市场营销）三个基本过程；都强调建立跨职能部门的团队来完成产品创新；都强调对产品创新各阶段进行独立决策。上述模式虽然对客户在产品创新过程中的作用予以了关注，但仍然局限于客户被动参与、客户作用仅限于创意和测试阶段的视角，忽略了网络对客户作用带来的变化——网络使得企业与客户间的沟通成本降低，企业与客户间可以高频率交流；创新社区中的领先用户有主动参与创新的动机，客户是主动参与者和创新主体，而不仅是被调查者和被测试者；网络使得客户的影响力得以发挥，客户的作用延伸到产品早期推广阶段。因此，基于对上述不足的分析，需要基于创新社区对新产品开发流程进行重塑，将客户作用贯穿于包括概念开发、产品设计、原型产品测

试和商业化阶段在内的新产品开发全过程（见图 3 – 5）。

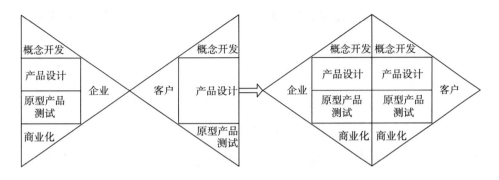

图 3 – 5 基于创新社区的新产品开发流程重塑

在传统创新流程下，客户的作用局限于产品研发阶段，在产品研发完成后客户即退出产品创新过程，产品制造和商业化阶段几乎没有客户的参与。而且企业和客户处于分离状态，客户在企业边界之外，双方只在市场调研、产品测试、产品购买等几个仅有的接触点进行信息交流[107]：在概念开发阶段，客户作为产品的最终消费者和使用者，接受企业的市场调研，为企业提供需求信息；在产品设计阶段，客户作为产品创新的共同参与者和设计者，与企业研发人员一起完成产品设计工作；在原型产品测试阶段，客户对产品原型进行试用、测试和评价，并将使用感受和改进建议反馈给企业。完成产品测试后，客户一般会退出产品创新过程，此后的产品制造和商业化阶段几乎全部由企业独立完成，客户在新产品早期推广中的作用没有得到发挥和利用。

然而客户购买前活动、购买决策过程和购后消费评价等都是十分复杂的过程。在企业和客户相分离的情况下，仅凭市场调研、产品测试等极少的几个接触点上的信息交流，企业很难对客户需求、客户行为和客户评价有深入的理解，也就难以准确把握市场方向。而且在企业与客户相分离的情况下，客户在企业边界之外，难以深入参与企业边界内开展的创新活动，客户的创新能力难以发挥，企业和客户双方的活动也往往只能串行开展，延长了产品开发周期。

另外，网络技术特别是创新社区的快速普及和发展，使得客户的影响力得以发挥，客户在新产品商业化和早期扩散中有着重要的影响力，而在企业和客户相分离的情况下，客户在产品研发阶段完成后即退出产品开发过程，客户在产品早期推广中的重要作用没有被充分发掘和利用。

因此，有必要在互联网经济和用户创新的背景下，对传统的新产品开发流程进行重塑，将企业活动与客户活动对接，建立基于创新社区的新产品开发流程，实现图3-5中从左至右的转变。在基于创新社区的新产品开发流程下，企业与客户不再是基于点的接触，而是产品开发全过程的全面合作和信息交换；客户不仅参与新产品研发，在新产品商业化和早期推广中也将发挥重要作用；客户与企业在创新活动中实现对接，使得双方创新活动可以并行开展，大大缩短了产品开发周期。另外，领先用户作为用户守门员，在企业与客户边界活动，既可以完成产品设计、产品早期推广等传统意义上企业边界内的活动，也可以完成需求提出、产品测试等客户边界内的活动，是企业与客户间有效的沟通中介。基于创新社区的新产品开发流程可以帮助企业从风险、成本和时间等多方面提高研发效率、获得竞争优势，具体包括：

首先，基于创新社区的新产品开发流程有利于企业充分认识和理解客户需求，生产出尽可能符合客户偏好的产品，从而降低研发风险。客户需求是多样化、差异化而且具有粘着性的，因此仅仅通过几个接触点的交流，企业难以准确把握客户需求。在创新社区中，客户间在相互交流之中能够透露出很多真实的需求信息，领先用户的需求能够代表市场未来的潮流和方向，有时客户还会在创新社区中独立完成产品概念开发过程，因此企业可以通过问卷调查、数据挖掘甚至直接从社区中吸纳成熟的产品概念等方法从创新社区中获得有效的客户需求信息。

其次，基于创新社区的新产品开发流程有利于企业降低产品开发成本。在基于创新社区的新产品开发流程下，企业和客户双方的信息交流是基于网络平台的，因此沟通效率极高而沟通成本却很低。同时，在产品开发的每个阶段，创新社区的参与都可以为企业减少一定的成本：概念开发阶段，创新社区中的问卷调查和数据获取更加便利，能够降低市场调研费用；产品设计阶段，客户的创造性得以发挥，可以帮助企业降低设计费用；产品原型测试阶段，在基于创新社区的新产品开发中，企业可以直接将产品原型甚至半成品投入社区中，由客户参与测试，并通过社区直接将测试结果反馈给企业，降低了产品测试费用；产品商业化阶段，网络使得客户的影响力得以发挥，通过社区中客户间的交流和沟通，新产品能够以极低的成本完成早期推广。

最后，基于创新社区的新产品开发流程中企业与客户的活动通常并行开展，能够缩短产品研发周期。网络环境加剧了企业间基于时间的竞争[11]，因此缩短产品研发周期能够帮助企业获得竞争优势。在基于创新社区的新产品开发中，企业与客户间拥有顺畅的沟通平台，可以频繁地进行信息交换和迭代，而且社区客户具备积极的参与动机和一定的创新能力，因此企业可以在活动结束之前就释放信息，传递给客户并激活客户的创新和测试行为。与传统的串行工作方式相比，企业与客户并行开展创新活动大大缩短了产品开发周期。

二、基于创新社区的客户参与新产品开发一般流程

用户创新模式下，企业不再需要确切、详细地了解客户的需求，转而为客户提供产品平台和创新工具箱，将与需求相关的创新任务交给客户自己完成。客户通过创新社区聚集起来，他们在社区中共同讨论产品概念、进行产品设计，并可以将产品原型甚至半成品公布在社区中，由社区其他成员进行试用、评估甚至改进，经过一系列的测试，最终形成创新成果（见图 3-6）。用户创新的典型成功案例是苹果公司 iOS 系统的 App 开发。苹果公司为客户提供了iPhone、iPad 等产品硬件、iOS 软件平台和用于 App 开发的创新工具包，并搭建了 App 销售平台——App Store。苹果公司的客户在购买产品后，可以在产品社

区中根据自己的需求完成个性化的 App 开发，同时可以将自己开发的 App 上传到 App Store 中进行销售。客户在社区中参与创新不仅能够获得成就感、荣誉感等精神奖励，还可能获得物质奖励，与此同时也实现了手机功能的个性化定制，而苹果公司也得以从繁复的开发活动中解脱出来，实现公司和客户的双赢。苹果公司的这一创举开辟了智能手机的新篇章，也为自己赢得了巨大的成功。

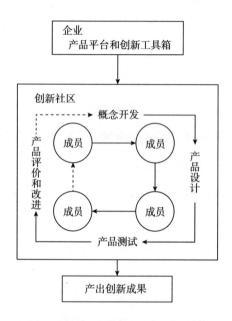

图 3 - 6   基于创新社区的用户创新的一般流程

受限于资金、设备和专业知识等因素，并不是所有的创新活动都可以由客户独立完成，很多新产品开发过程还需要由企业发起并最终实现规模生产和商业化，但企业在创新过程中可以科学利用创新社区中客户的创新性，以创新社区为平台，将企业创新过程与用户创新过程相融合，形成基于创新社区的客户协同创新流程（见图 3 - 7）。在基于创新社区的客户协同创新流程中，企业和客户的边界变得模糊，双方以创新社区为平台，以领先用户为中介，进行频繁的双向信息迭代，双方的创新活动并行展开。在创新初始阶段，用户创新常常早于企业创新。这是因为用户是否要进行创新活动仅取决于其个人的收益情况，而企业的创新活动需要面向整个市场，只有当一项新产品或服务的潜在市场足够大时企业才会开展相应的创新活动[108]。这就意味着企业可以从创新社区中获取产品开发灵感甚至成熟的产品概念，也可以通过创新社区对客户开展市场调研。在产品设计阶段，企业可以通过创新社区让客户共同参与设计，从而尽早发现设计错误，避免错误积累和重复工作。在原型产品测试阶段，企业可以将原型产品甚至半成品投入创新社区，让客户参与测试，并通过社区将测试结果反馈给企业。在商业化阶段，创新社区中的客户由于参与了产品开发全过程，对新产品已经有了较深刻的认识，掌握了丰富的技术和产品知识，因此他们可以作为早期推广者在网络中对其他潜在客户进行产品渗透，提高他们产品采纳的可能。与基于创新社区的用户创新不同，在基于创新社区的客户协同创新过程中，企业仍处于主导地位，掌控开发过程的方向和进度，最终的创新成果也是由企业发布并进行批量生产和商业化。基于创新社区的客户协同创新的典型成功案例就是小米科技公司 MIUI 系统的开发。

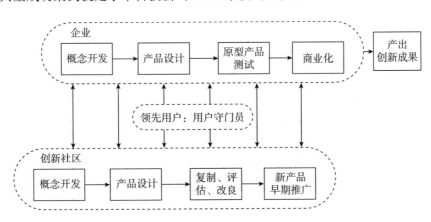

图 3-7　基于创新社区的客户协同创新一般流程

　　基于创新社区的用户创新和客户协同创新都是基于创新社区的客户参与新产品开发的主要方式，它们并不矛盾。基于创新社区的客户协同创新过程中包含了用户创新过程，而用户创新过程中所需要的产品平台和创新工具包也依赖于客户协同创新所提供。基于创新社区的客户协同创新流程常常应用于产品平台开发阶段，基于创新社区的用户创新流程则服务于此后的个性化定制阶段，企业通常需要将两者结合利用。例如，MIUI 系统作为用户创新的平台，其开发过程各阶段都离不开 MIUI 社区中客户的共同创新，是一个基于 MIUI 社区的客户协同创新过程；而小米公司的客户在购买小米手机和使用 MIUI 系统后，根据自身需求开发和发布相应的应用程序的过程则没有小米公司的参与，是一个基于创新社区的用户创新过程。

由于基于创新社区的用户创新中企业与客户的活动相对独立，过程相对简单明晰，国内外学者对此也已进行了较深入的研究。基于创新社区的客户协同创新过程相对复杂，企业与客户的创新活动并行展开，并不断进行知识交换，这就涉及创新过程中双方的信息迭代、冲突消解、设计返工和客户激励等一系列问题，只有运用科学方法合理地解决这些问题，才能保证创新的效率和效果。因此，本书主要针对基于创新社区的客户协同创新过程进行研究，后文中所提到的基于创新社区的客户参与新产品开发主要是指基于创新社区的客户协同创新模式。

第三节　基于创新社区的客户参与
新产品开发流程实施方法

一、基于创新社区的客户参与新产品开发流程实施基础

基于创新社区的客户参与新产品开发是一种更加开放、灵活和快速的新产品开发模式，相对传统的产品开发模式，它对企业、对客户以及对两者之间关

系的协调都提出了更高的要求。由于新产品开发流程实施和变革的主体是企业，因此企业的组织形式和管理方式对创新流程能否成功实施具有重要影响。另外，基于创新社区的客户参与新产品开发流程的实施和有效运作，也离不开互联网技术、信息技术等现代技术的支撑。因此，本节主要从企业组织与管理和技术保障两方面来阐述基于创新社区的客户参与新产品开发流程的实施基础。

1. 企业组织与管理

（1）扁平开放式的组织结构和员工授权。在传统的科层制管理方式下，企业形成金字塔形组织结构，权力自上而下逐级递减，最终决策权集中于金字塔顶层。这种组织结构下信息需逐层向上传递再向下反馈，传递链条长耗时也多，往往对市场需求变化的反应速度较慢。基于创新社区的客户参与新产品开发流程要求企业能够对客户信息做出快速反应，因此应当采用更加扁平化和开放式的组织结构，尽量减少信息传递层级、缩短信息反馈耗时。此外，在基于创新社区的客户参与新产品开发流程下，企业获得市场认知的来源从企业内部（领导或市场调研人员）转变为客户本身，企业员工在创新社区中与客户进行大量的交流并从中获取市场信息，因此应适当对一线员工进行授权，让员工拥有一定的决策权，从而减少不必要的沟通和等待时间。

（2）营运过程的快速迭代。基于创新社区的客户参与新产品开发流程中，产品开发各阶段无缝衔接、快速迭代，使得产品开发周期大大缩短。但快速迭代不应仅局限于产品开发阶段，还应延伸到物流、仓储、销售等营运过程。只有营运过程与开发过程相互辅助与配合，才能真正实现对市场和客户的快速响应。

（3）良好的企业文化。企业文化是企业全体成员共同创造并得到共同认可的一种群体意识，是企业管理风格的文化基础[109]。扁平开放式的组织结构以及快速迭代的营运过程都需要有相应的企业文化与之配合，才能顺利实施并达到理想效果。在基于创新社区的客户参与新产品开发流程下，首先，应当营造平等、开放、自由的企业文化，让研发人员间能够不分层级地自由交流，在伙伴式氛围中充分进行知识碰撞，获得创新灵感。其次，应当提高员工特别是研发人员对创新社区的重视程度，鼓励员工多与社区用户进行交流和沟通，在研发团队中形成长期、频繁登录创新社区查看用户发帖、回答用户疑问并征询用户意见的氛围，甚至可以定期举办社区用户与企业研发人员的线下见面会。

（4）有效的激励机制。基于创新社区的客户参与新产品开发流程需要与之相匹配的激励机制来保障实施。首先是对员工的激励，基于创新社区的客户参与新产品开发流程是一种以客户为中心的新产品开发模式，因此应当将以财务指标或领导意志为导向的考核指标转为以客户满意为导向的考核指标。其次是对客户的激励，基于创新社区的客户参与新产品开发流程必须有足够的活跃客户参与才能够实现，因此企业需要对创新社区中的客户进行激励，鼓励他们踊跃参与社区活动，提高社区用户的积极性和主动性，将企业与客户间从简单的交易关系转变为合作伙伴关系，共同进行价值创造。具体来说，可以包括物质激励和精神激励两方面：物质激励主要包括为活跃客户提供产品优惠券、试用品，邀请参加线下参观交流活动等；精神激励主要包括根据在社区中的贡献发放积分、勋章等。

2. 技术保障

基于创新社区的客户参与新产品开发流程的建设和有效运作离不开技术的支撑，技术是构建创新社区的基础，也是实现客户参与企业创新的强大推动力。其中，网络技术、电子计算机技术和远程通信技术等构成了基础技术平台，而新产品开发过程的概念开发、产品设计、原型产品测试和商业化四个阶段中的每个阶段都可以分为客户知识获取、整合、共享和运用四个子阶段，每个子阶段的主要诉求和侧重点不同，需要的技术工具也不同，通过分析各阶段的主要技术工具，本节给出了基于创新社区的客户参与新产品开发流程的技术框架，如图3-8所示。需要指出的是，相较于传统的创新流程，基于创新社区的新产品开发流程对网络和虚拟社区的依赖性更高，因此需要更加可靠和稳定的网络和计算机技术支持。同时，在与客户合作的过程中，除了需要应用一般的客户知识管理工具外，还需要掌握领先用户识别（问卷法、金字塔法等）、协同创新等技术，以便于与客户的沟通和合作。

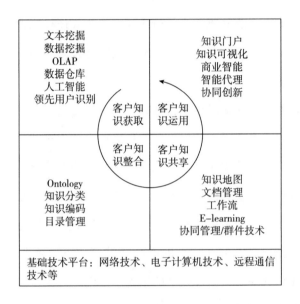

图3-8 基于创新社区的客户参与新产品开发流程技术框架

二、基于创新社区的客户参与新产品开发流程各阶段策略

1. 概念开发

新产品概念是产品构思过程的产物，是对可能开发的或拟议中的新产品的一种表述。新产品概念开发一般包括概念生成、评估和比选等环节。概念开发是新产品开发过程的起点，对整个新产品开发过程的成败具有重要影响。传统

的创新模式下的概念开发工作一般由企业发起和主导，以市场部门、研发部门等为主要承担者，通过市场调研活动来完成，客户在其中作为被调查者和被测试者，为企业提供自己的真实想法和需求信息。

在基于创新社区的客户参与新产品开发模式下，企业不再让客户仅仅作为被动参与者，转而通过一定的技术支持和激励手段让客户成为概念开发阶段的主动参与者甚至是主导者，从而能够实现真正以客户为中心和以市场为主导的概念开发。该模式下企业完成新产品概念开发的主要途径包括：①从创新社区中吸纳客户需求信息：识别客户需求是新产品概念开发的第一步，传统的新产品开发模式下，这一过程通常是通过市场调研来完成的，耗时长而且成本高。在创新社区中，客户在互动过程中会有意无意地透露出自己的需求信息，这些信息真实可靠，因此企业可以利用先进的数据挖掘技术对创新社区中的这些非结构化的需求信息进行结构化处理，从而获得客户需求信息，然后再由企业的专业研发人员进行进一步的概念开发。②让领先用户进入企业研发团队共同进行概念开发：领先用户的需求领先于当前的市场潮流，他们能够有效识别富有前景的新产品开发方向。但在传统的产品开发模式下，领先用户分布比较分散，不便于寻找和管理。创新社区中的领先用户则相对比较集中，企业可以利用领先用户识别工具（问卷法、金字塔法等）快速发现领先用户，引导他们参与到研发团队中，将他们在需求信息方面的优势与企业专业研发人员在解决方案方面的优势相结合，共同进行概念开发。③直接采用或改良创新社区中已有的产品概念：创新社区中的领先用户具有超前的需求和丰富的技术知识，因此他们具备创新的动机和能力。领先用户以创新社区为沟通平台聚集起来，在反复的交流和讨论中常常会提出一些概念模型，然后再不断进行修改和完善，最终通过集体的智慧形成一个比较成熟且富有市场前景的产品概念。但由于领先用户的创新行为通常是出于个人兴趣和爱好，碍于资金、时间和技术等因素所限，可能无法独立完成产品设计，而只能止步于概念开发。因此，企业可以提取创新社区中相对成熟的产品概念，直接采用或稍作完善，然后直接进入产品设计阶段。这种方式避免了概念开发阶段需求和技术信息在客户与企业间的反复传递，能够有效降低信息转移成本并减少信息传递失真，帮助企业更加确切地把握客户需求、降低研发风险和成本。

2. 产品设计

在产品设计阶段，企业通过创新社区吸纳客户参与的方式主要有两种。一种是识别出创新社区中的领先用户，然后选择其中技术水平较高且有参与意愿的客户，邀请他们参与到企业研发团队中，共同完成产品设计；另一种是将产品设计模块化，选择其中适合客户开发的模块投入创新社区，并为客户提供创新工具包等技术支持，由客户在创新社区中共同进行探讨、设计、测试和修改，最终独立完成模块设计。但是，由于时间和资金投入较大，产品细节设计一般不适合客户参与，应当由企业完成[110]。因此，企业应当在客户完成产品设计后，再根据实际情况进行进一步的改进和细节设计。

客户可以有效识别出关键的产品特征，并按照喜好程度对这些特征进行排序，能够详细阐明对产品界面的要求，客户参与产品设计可以克服以上信息的粘性，降低企业研发成本和风险，加快新产品开发速度，已经有越来越多的企业让客户参与到产品设计中。例如，波音公司采用了第一种方式，在开发波音777客机的时候，让一部分客户代表参与到创新团队中，来帮助他们完成产品设计；苹果公司则采用了第二种方式，为客户提供产品硬件（iPad、iPhone等）和创新工具包，由客户自己完成应用程序模块的开发，并通过建立 App Store 进行应用程序销售来激励客户参与创新。

3. 原型产品测试

原型产品测试阶段的主要工作是向客户提供产品原型，测试其满足客户需求的程度，并根据客户反馈意见对产品原型进行改进。这一阶段，客户作为产品使用者，对产品原型进行试用、测试和评价，并将使用感受和改进建议详细地反馈给企业，企业再根据反馈信息对原型产品进行进一步的改良，然后再将改进后的产品给客户试用并再次进行改进，如此反复直至客户对产品原型满意为止。在此阶段，企业与客户间需要保持频繁的沟通，在创新社区中对产品原型进行测试为企业和客户间提供了有力的沟通平台，有助于降低沟通成本、提高反馈效率，从而缩短研发周期并降低研发成本，使企业在市场上获得竞争优势。特别是当创新成果是信息产品时，企业可以直接将产品原型投入创新社区，由社区用户志愿参与产品测试，并将测试结果通过创新社区反馈给企业研发团队；也可以组织领先用户组成测试组，先由领先用户进行测试，经过改进后，再投放社区进行更大规模的测试。

4. 商业化

商业化是产品开发的最后一步，也是企业进行新产品开发的最终目的，主要包括定价、产品定位和产品推广等环节。客户的采纳是商业化成功的重要标志，新产品的商业化过程必须以客户为准绳，商业化的各个环节都需要建立在充分的客户调研的基础上。在创新社区中，客户较为集中，企业与客户间沟通成本低，因此企业针对新产品商业化的调研活动可以快速经济地展开。更为重要的是，客户的作用也不再局限于接受调研，而是延伸到了新产品早期推广阶段。领先用户作为市场的领先者，在产品和技术知识上都具有优势。同时领先用户也往往是新产品的早期采纳者，积累了丰富的产品使用经验。因此，当普通用户对是否采纳新产品犹豫不决时，他们常常会选择听取比他们更有技术背景和使用经验的领先用户的意见，领先用户的使用感受和产品评价对其他用户的采纳行为具有很强的影响力。在创新社区中，高频率大范围的信息传播又进一步加强了领先用户的影响力，他们常常能够成为社区中的"意见领袖"，通过社区成员间的交流，为其他用户提供新产品信息，提高他们对新产品的认知，从而达成新产品的早期推广。企业可以通过邀请领先用户参与原型产品测试、参加新产品发布会和试用新产品等方式，提高领先用户对新产品的了解和认知，采用适当的激励手段鼓励领先用户在创新社区中与普通用户进行沟通和交流，引导领先用户成为市场扩散中的"种子顾客"，帮助企业完成新产品的早期推广。

第四节　本章小结

创新社区中聚集着大量的现有或潜在客户，他们集中且具有创新精神，而且以互联网为沟通媒介也最大限度地降低了沟通成本、提高了沟通效率，因此基于创新社区的新产品开发模式是简单易行、低价高效的客户参与企业创新的方式。本章首先对"用户守门员"的定义与内涵进行了界定，利用 SECI 模型，分析了基于用户守门员的创新社区外部知识获取与知识创新过程。然后从产品创新流程的视角出发，探讨了基于创新社区的新产品开发各阶段的核心任务和重点工作，提出了企业将创新社区融入新产品开发各阶段的具体措施，为我国企业从产品创新流程和客户参与的角度提高创新水平和核心竞争力提供了一个参考。

第四章　客户参与新产品开发的
创新模式选择研究

　　市场竞争日益激烈，客户需求愈加个性化，传统的封闭式创新模式已不能完全满足企业立足市场的需要。针对用户创新源的快速发展和企业对客户参与创新的迫切需要，有学者提出了一种能够更充分地发挥客户作用的创新模式——客户协同创新（Customer Collaborative Innovation，CCI）。客户协同创新充分利用企业与客户在专业技能和知识结构方面的不对称性，借助现代化的通信条件、创新工具和知识融合手段，通过企业与客户的协同工作，开发出具有高度创新性并更符合客户需求的新产品，是对以客户为中心的设计理念的进一步延伸[111]。

　　无论是封闭式创新模式还是客户协同创新模式，都属于基于制造商的创新系统（Manufacturer – based Innovation Systems），创新过程由企业发起并主导。von Hippel 教授通过大量的研究发现，领先用户有时会自己为自己开发和改良产品，并且常常无偿公开他们的创新成果，许多普通用户很乐意采用领先用户开发的问题解决方案，将这些综合起来就构成了以用户为中心的创新系统（User – centered Innovation Systems），这是客户更进一步地参与产品创新的模式。用户创新模式自被提出以来，用户这一重要的创新源已经逐渐受到更多企业的重视，特别是在现在智能手机、平板电脑等移动终端普及率越来越高的大背景下，用户创新变得更加普遍和必须。以苹果公司为例，2007 年苹果公司正式发布 iPhone 手机，并为用户提供了用于开发 iPhone 应用软件的工具包，且搭建了可以进行应用软件交易的平台——App Store。iPhone 手机的用户可以根据自己的需要利用苹果公司提供的工具包，自己进行应用软件开发，并且可以将其开发的应用软件上传到 App Store 进行销售[112]。这样的开发模式既将苹果公司从繁琐复杂的应用软件开发中解放出来，又能更大程度地满足用户需求且为其提供了盈利的机会，苹果公司的这一尝试获得了巨大的成功。随后，包括微软、谷歌、中国移动等公司也开始开展这项业务，为用户创新提供了便利条件[113]。

通过对三种创新模式的比较（见表 4 - 1）可以看出，封闭式创新、客户协同创新和用户创新三种模式下，客户的参与程度越来越高，但客户参与程度越高，企业、客户和社会的收益就越高吗？在何种情况下选择何种创新模式才能达到各方福利的最大化呢？虽然目前学术界对客户参与企业创新活动的研究很多，但对这一问题还缺乏相应研究。因此，本章首先利用价值链理论，对产品开发中不同创新模式对企业竞争力的影响进行了定性分析；然后运用博弈论方法，通过建立经济学范式上的严谨理论模型，探讨了创新过程中企业创新模式的选择问题，发现企业创新模式选择受沟通成本与制造成本间的比例关系影响，为今后客户参与企业创新活动的研究提供了理论基础和思考方向。

表 4 - 1 三种创新模式比较

	基于制造商的创新系统		以用户为中心的创新系统
	封闭式创新模式	客户协同创新模式	用户创新模式
创新发起人	企业	企业	客户
创新参与者	企业	企业、客户	企业、客户

续表

| | 基于制造商的创新系统 | | 以用户为中心的创新系统 |
	封闭式创新模式	客户协同创新模式	用户创新模式
主要创新者	企业	企业	客户
客户参与度	低	中	高
客户角色	信息提供者	价值创造者	价值创造和分享者
企业角色	创新产品提供者	创新产品合作者	创新工具提供者
产品推广路径	企业→客户	企业→客户	信息产品：创新领先用户→所有用户 物质产品：创新领先用户→企业→所有用户
应用举例	大规模制造的标准化产品，如电视	定制化的产品，如企业管理信息系统的软件开发	自主创新的产品，如智能手机应用的开发

第一节　价值链视角下企业创新模式选择分析

一、价值链理论

价值链的概念是 1985 年由哈佛大学教授迈克尔·波特在其著作《竞争优势》一书中首次提出来的。其核心观点是每个企业都是由一系列创造价值的活动构成的集合体，包括供应商的原材料供应、产品的生产制造、产品的销售与服务等每一环节，所有这些活动构成了一个价值链[114]。波特将创造价值的活动分为基本活动和辅助活动，基本活动是企业创造价值并将价值传递给顾客的核心活动，包括内部后勤、生产经营、外部后勤、市场销售和服务五大部分；辅助活动是为基本活动创造条件而本身不直接创造价值的活动，包括企业基础设施、人力资源管理、技术开发和采购四大项（见图4-1）。价值链的优化和协调可以使企业形成竞争优势：如果一个企业所产生的价值超过其所付出的成本，那么它便可形成盈利；如果一个企业基于价值链的盈利超过竞争者，那么它便拥有独特的竞争优势。

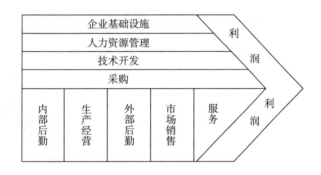

图4-1 基本价值链

资料来源：迈克尔·波特. 竞争优势［M］. 陈小悦译. 北京：华夏出版社，1997.

价值链理论从单个企业的角度分析企业在价值链上的价值活动，通过与供应商、渠道商以及客户之间的相关活动，分析出企业的竞争优势。波特的价值链理论的贡献之一是将企业的价值增值过程分解为一系列的价值活动，并分别对其进行了描述，而企业的竞争优势正是通过对价值活动的分解、整合及协调来实现的。价值链理论作为一个战略分析工具，为分析企业的竞争优势提供了框架。随着信息技术和理论水平的不断发展和创新，价值链理论在企业运作过程中的作用愈加凸显。

二、产品开发中客户参与方式及相关价值活动

竞争对手价值链之间的差异是竞争优势的关键来源。根据价值链理论，企业的竞争优势来源于企业在设计、生产、销售、产品回收等过程及其辅助过程的价值链中。企业的竞争优势一般来说有两种：成本领先和差异化。本章假定企业是在同一供应链条件下（除开发设计过程外，其他过程如生产、营销等都相同），运用价值链原理和方法，从成本和差异化两个方面对三种创新模式进行竞争力比较。企业产品开发客户参与程度如图4-2所示。

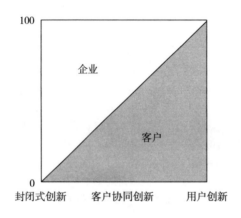

图4-2 企业产品开发客户参与程度示意图

根据波特的价值链理论，企业价值活动分为基本活动和辅助活动。不同的客户参与创新的模式，主要对企业与产品研发相关的活动产生影响。内部后勤、生产经营、外部后勤等基本活动与产品研发活动相关度较小，而企业基础设施、技术开发等辅助活动与研发活动相关度较大，因此本章的分析重点集中在不同客户参与程度对企业辅助活动价值的影响上[115]。

企业基础设施包括的范围很广，主要包括总体管理、计划、财务、会计、法律、政府事务和质量管理等。人力资源管理包括人员的招聘、雇用、培训、开发和报酬等。人力资源管理对单项的基本活动、辅助活动和整个价值链都起着支持作用。技术开发包含了非常广泛的技术活动，对于许多大量需求技术的价值活动起到了支持的作用。采购指购买用于企业价值链各种投入的活动，采购活动本身所消耗的费用很小，但对整个供应链的成本和歧异性有很大的影响。本章将从以上讨论的各辅助活动中提取与产品开发客户参与程度有关的要素，分析其对成本和差异化的影响，分析要素归纳如表4-2所示。

表4-2　价值活动分析要素

辅助活动	分析要素
企业基础设施	企业硬件设施、技术管理活动
人力资源管理	技术人员的招聘、雇用、培训、开发、报酬
技术开发	基础研究、产品设计、工艺设计
采购	技术采购

三、创新模式选择分析

1. 封闭式创新模式竞争力分析

在封闭式创新模式下，企业几乎要承担全部的产品开发任务。在企业基础设施方面，企业需要建立比较健全的产品研发硬件设施，比如研发中心、实验室、试制车间等，同时配备相应的设备仪器。在人力资源管理方面，企业创新活动所需要的人力资源主要包括两类：提供创意的人和将好的创意转变成创新成果的人[116]。在封闭式创新模式下，这两类人主要是企业的研发、技术人员，因此企业需要配备数量较多且技术门类比较齐全的技术研发人员。技术开发方面需要承担起全部的基础研究、产品设计、工艺设计等任务。采购活动中涉及企业研发活动的主要是技术采购，由于企业要独自承担起全部的技术活动，因此需要进行较多的技术采购活动。

差异化是指为客户提供独特的产品或服务。由于客户需求信息是具有粘性的[59]，在封闭式创新模式下企业无法完整透彻地理解客户需求，另外，由于企业配备了齐全的研发硬件设施、人力资源等，高额的固定成本使得小批量的个性化定制对企业来说是不经济的，因此这种创新模式下企业在差异化方面不具备明显优势。

在差异化方面不具备竞争优势，则封闭式创新模式下企业的竞争优势只能来源于成本领先。这种模式下，虽然企业在产品研发方面投入较大，但企业可以利用大规模生产摊薄固定成本、获得规模效应。正因如此，封闭式创新模式下生产的产品通常是大规模的标准化产品。因此，封闭式创新模式下，企业在成本方面具有竞争优势。

2. 客户协同创新模式竞争力分析

在客户协同创新模式下，企业与客户的资源优势进行互补，企业主要负责技术开发和技术支持工作，而前端的客户需求信息则由客户提供。在企业基础设施方面，由于企业的技术开发工作并没有减少，企业仍然需要配备比较健全的产品研发硬件设施。在人力资源管理方面，由于客户承担了"提供创意的人"的任务，企业只需配备"将好的创意转变成创新成果的人"，同时可能需要配备少量人员负责在协同创新过程中与客户的沟通事务。技术开发方面企业除获取客户需求的工作有所减轻外，其他基础研究、产品设计、工艺设计等任务仍主要由企业承担，同时可能需要开发客户参与协同创新的工作平台系统。采购活动与封闭式创新模式下基本相同。

客户协同创新模式下，产品创意来自客户，相比封闭式创新，能更好地满足客户需求。另外，客户的参与在一定程度上降低了企业的研发成本，使得小批量定制化的产品对于企业来说也可以是经济的。两方面综合起来，客户协同创新模式下企业在差异化方面具备一定的优势。

成本方面，客户的参与降低了一部分研发成本，企业如果能够进行大批量的生产，则具备成本优势；如果生产规模较小，则成本有待根据实际情况确定。

3. 用户创新模式竞争力分析

用户创新模式是对以往以企业为中心的创新模式的颠覆。在用户创新模式下，用户或由用户组成的纵向创新社区可以自己完成信息产品的开发、传播、维护和使用全过程，而不需要企业的介入。对于物质产品来说，由于实物产品的生产和推广涉及规模效应问题，因此其开发和早期推广过程可以由用户完成，但大批量的生产和推广通常需要由企业来进行。所以，在用户创新模式下，产品研发的任务由用户全部承担，企业所担任的任务包括以下三种：①生产由用户开发的产品或为特殊用户提供定制服务；②为用户提供创新工具箱或创新平台；③生产与用户开发的创新互补的产品或服务[91]。

在用户创新模式下，企业不需要承担产品研发任务，所以在企业基础设施方面也就不需要配备研发中心、实验室等产品研发硬件设施。在人力资源管理方面，不需要配备齐全的技术人员，可以配备少量的技术甄别、技术维护人员，同时配备部分网络平台开发人员、创新工具箱开发人员。技术开发方面企业不再需要承担基础研究、产品设计和工艺设计，但应承担开发工具箱和创新平台的任务。采购活动方面基本不需要进行技术采购。

用户创新模式下，由于用户可以利用创新工具箱自己为自己开发产品，产品可以完全根据个人需要定制，而且自己开发的过程相比企业开发过程能够克服信息粘性，因此其产品差异化程度是最高的，具有很强的竞争优势。

成本方面，用户创新模式下企业节约了产品研发成本，也省掉了产品前期推广的费用，但需要付出用户创新工具包的开发或创新平台搭建的成本。具体产品成本高低还取决于产品的生产规模、生产设备利用情况等因素。因此，用户创新模式下的产品成本是否具有竞争优势需要根据具体情况进行分析。

4. 小结

通过以上分析可以看出，封闭式创新模式虽然有很多固有缺点，但是具有成本上的优势。如果企业所生产产品是同质化或标准化的，如日化用品、药品、白色家电等，采用封闭式创新模式有利于其降低成本。但在封闭式创新模式下也应随时注意获取外部信息，了解最新的行业动态、技术信息和客户需求。

客户协同创新模式下企业能够为客户提供差异化的产品，有利于建立客户忠诚，可以为企业产品带来较高的溢价。客户协同创新模式适合多数企业，客户参与企业创新是大势所趋，目前处于封闭式创新模式下的企业也可以考虑逐步向客户协同创新模式过渡。例如，传统的电视机制造商一般采用封闭式创新模式，但在计算机、移动终端普及率越来越高的今天，电视机的利用率越来越低，有些家庭甚至已经不再配备电视机。电视机未来的发展趋势是智能化，目前有少数企业已经推出了智能电视，但尚处于产品生命周期的投入期阶段，大多数人尚处于观望状态，真正购买的消费者极少。但是从电视机智能化趋势可以预见，未来可能也需要客户参与到其创新中来，从而实现从封闭式创新到客户参与创新的转变。

用户创新模式下，客户的创新能力被充分利用，较适合高科技企业，特别是提供移动终端设备的企业。例如，苹果公司在推出 iPhone 手机后不久就为客户提供了开发应用软件的创新工具箱，并且推出了 App Store 作为应用软件交易平台，现在 App Store 已经成为苹果公司的重要优势来源之一，值得我国类似企业借鉴。

第二节　客户参与新产品开发的创新模式比较模型

企业的创新活动按客户参与的程度由低到高可分为三种模式：封闭式创新、客户协同创新和用户创新。假设企业的福利以利润表示，客户的福利以消费者剩余表示，两者之和表示社会总福利。客户在参与企业创新活动时，能与企业进行有效合作[117]。

一、企业封闭式创新模型

在企业封闭式创新模式下，企业仅依靠自身资源进行创新活动，客户不参与企业的创新活动。假设消费者对企业新产品的需求函数为：$p = a - bq$，其中 p 为新产品价格，q 为新产品数量，a、b 为常数且 $a > 0$，$b > 0$。此时企业的利润为：

$$\pi_1 = (p - c + r)q - \frac{1}{2}\lambda r^2 \tag{4-1}$$

其中，c 为企业创新前的单位成本，r 为创新给企业带来的单位收益（如成本的节约），$\frac{1}{2}\lambda r^2$ 为企业的创新投入[118,119]，λ 为常数且 $\lambda > 0$。将消费者的需求函数代入，得到企业的利润函数为：

$$\pi_1 = (a - bq - c + r)q - \frac{1}{2}\lambda r^2 \tag{4-2}$$

消费者剩余可以衡量消费者自己感觉到所获得的额外利益，可以用需求曲线下方、价格线上方和价格轴围成的三角形的面积表示。则可得客户的消费者剩余为：

$$\pi_2 = \frac{1}{2}q(a - p) = \frac{1}{2}q[a - (a - bq)] = \frac{1}{2}bq^2 \tag{4-3}$$

此时，企业以自身利润最大化为目标确定新产品的研发投入和产量，企业利润最大化条件为：

$$\begin{cases} \dfrac{\partial \pi_1}{\partial q} = a - c + r - 2bq = 0 \\ \dfrac{\partial \pi_1}{\partial r} = q - \lambda r = 0 \end{cases} \tag{4-4}$$

考虑 $q>0$，$r>0$ 等现实情况，为使后面的讨论有意义，假设 $2b\lambda-1>0$，$a-c>0$。由联立方程组（4-4）解得：

$$q = \frac{\lambda(a-c)}{2b\lambda-1} \tag{4-5}$$

$$r = \frac{a-c}{2b\lambda-1} \tag{4-6}$$

由 $2b\lambda-1>0$，$b>0$，$\lambda>0$，可得 $3b\lambda-1>0$，则将式（4-5）、式（4-6）相应代入式（4-2）、式（4-3），得企业和客户的福利分别为：

$$\pi_1 = \frac{\lambda(a-c)^2}{2(2b\lambda-1)} \tag{4-7}$$

$$\pi_2 = \frac{b\lambda^2(a-c)^2}{2(2b\lambda-1)^2} \tag{4-8}$$

则社会总福利为：

$$\pi_\tau = \pi_1 + \pi_2 = \frac{\lambda(a-c)^2(3b\lambda-1)}{2(2b\lambda-1)^2} \tag{4-9}$$

二、客户协同创新模型

客户协同创新模式下的创新活动由企业发起，客户在企业的要求和引导下加入创新系统，参与企业创新活动[120]。客户的参与使得企业能够更好地理解消费者需求偏好，生产的新产品能够更好地满足消费者需求，所以新产品的需求也因此向右移动，需求函数变为：$p = a - b\left(q - \frac{1}{t}r\right)$，其中 t 表示协同创新中企业与客户的沟通成本系数且 $t>0$，t 越大表示沟通成本越高，企业—客户合作效率越低，则需求函数向右移动幅度越小。考虑现实情况中，企业向参与协同创新的客户支付的酬劳相对整个创新和生产活动来说极其微小；由于客户的加入，企业与客户沟通过程中会产生沟通成本，但是随着信息通信技术、社交媒体的发展，越来越多的企业—客户协同过程开始依托于企业的网络协同创新平台，大幅度降低了沟通成本，与创新活动中其他成本相比，沟通成本所占比例很小。因此，相对整个创新和生产活动以及企业利润来说，协同创新过程中企业支付的酬劳和沟通成本都极其微小，可忽略不计。则客户协同创新模式下企业的利润为：

$$\pi'_1 = \left[a - b\left(q - \frac{1}{t}r \right) - c + r \right] q - \frac{1}{2}\lambda r^2 \qquad (4-10)$$

企业利润最大化条件为：

$$\begin{cases} \dfrac{\partial \pi'_1}{\partial q} = \left(a - c + r + \dfrac{1}{t}br \right) - 2bq = 0 \\[4mm] \dfrac{\partial \pi'_1}{\partial r} = q + \dfrac{1}{t}bq - \lambda r = 0 \end{cases} \qquad (4-11)$$

为使讨论有意义，假设 $2b\lambda - 2b\dfrac{1}{t} - b^2\left(\dfrac{1}{t}\right)^2 - 1 > 0$，则由联立方程组（4 - 11）得：

$$q = \frac{\lambda(a - c)}{2b\lambda - 2b\dfrac{1}{t} - b^2\left(\dfrac{1}{t}\right)^2 - 1} \qquad (4-12)$$

$$r = \frac{(a - c)(1 + bt)}{2b\lambda - 2b\dfrac{1}{t} - b^2\left(\dfrac{1}{t}\right)^2 - 1} \qquad (4-13)$$

客户协同创新模式下客户的消费者剩余即需求曲线下方、价格线上方和价格轴围成的三角形的面积为：$\dfrac{1}{2}q\left[a + \dfrac{br}{t} - \left(a - b\left(q - \dfrac{r}{t} \right) \right) \right] = \dfrac{1}{2}bq^2$，与式（4 - 3）相同。

则将式（4 - 12）、式（4 - 13）相应代入式（4 - 10）、式（4 - 3）、式（4 - 9），得企业、客户和社会福利分别为：

$$\pi_1^* = \frac{\lambda(a - c)^2}{22b\lambda - 2b\dfrac{1}{t} - b^2\left(\dfrac{1}{t}\right)^2 - 1} \qquad (4-14)$$

$$\pi_2^* = \frac{b\lambda^2(a-c)^2}{2\left[2b\lambda - 2b\dfrac{1}{t} - b^2\left(\dfrac{1}{t}\right)^2 - 1\right]^2} \qquad (4-15)$$

$$\pi_\tau^* = \pi_1^* + \pi_2^* = \frac{\lambda(a-c)^2\left[3b\lambda - 2b\dfrac{1}{t} - b^2\left(\dfrac{1}{t}\right)^2 - 1\right]}{2\left[2b\lambda - 2b\dfrac{1}{t} - b^2\left(\dfrac{1}{t}\right)^2 - 1\right]^2} \qquad (4-16)$$

将客户协同创新与企业封闭式创新模式进行比较，得：

$$\pi_1^* - \pi_1 = \frac{\lambda b\dfrac{1}{t}(a-c)^2\left(b\dfrac{1}{t}+2\right)}{2\left[2b\lambda - 2b\dfrac{1}{t} - b^2\left(\dfrac{1}{t}\right)^2 - 1\right](2b\lambda - 1)}，因 2b\lambda - 2b\dfrac{1}{t} - b^2\left(\dfrac{1}{t}\right)^2 -$$

$1 > 0,\ 2b\lambda - 1 > 0$ 且 $b > 0,\ t > 0$，显然 $\pi_1^* - \pi_1 > 0$，即 $\pi_1^* > \pi_1$。

$$\pi_2^* - \pi_2 = \frac{1}{2}b\lambda^2(a-c)^2\left(\frac{1}{2b\lambda - 2b\dfrac{1}{t} - b^2\left(\dfrac{1}{t}\right)^2 - 1} + \frac{1}{2b\lambda - 1}\right)$$

$\left(\dfrac{1}{2b\lambda - 2b\dfrac{1}{t} - b^2\left(\dfrac{1}{t}\right)^2 - 1} - \dfrac{1}{2b\lambda - 1}\right)$，由 $\pi_1^* - \pi_1 > 0$，可得 $\dfrac{1}{2b\lambda - 2b\dfrac{1}{t} - b^2\left(\dfrac{1}{t}\right)^2 - 1} -$

$\dfrac{1}{2b\lambda - 1} > 0$，所以 $\pi_2^* - \pi_2 > 0$ 即 $\pi_2^* > \pi_2$。则显然有，$\pi_\tau^* > \pi_\tau$。

结论 1：客户协同创新模式下，企业福利水平、客户福利水平以及社会总福利相对封闭式创新模式均有所提高。

三、用户创新模型

在以用户为中心的创新系统中，用户可以自行开发、传播、维护和使用软件以及其他信息产品，并不需要制造商的介入[121]。相反，物质产品的生产和推广涉及一些具有显著规模效应的活动，因此，物质产品的开发和早期推广过程可以由用户自己实施，但大批量生产和推广则需要由制造商企业进行。本模型假设企业所生产产品为物质产品，对于不需要企业介入的信息产品暂不讨论。在以用户为中心的创新系统中，企业可以通过识别用户的创新并进行大量生产盈利[91]，此时，企业只需从其中找出可以用于大规模推广的创新，将其融入原产品中，便可得到更能符合消费者需求的新产品。在这种模式下，需求函数与客户协同创新模式一样会向右移动；但由于该创新是用户无偿公开的，已经成为公共品，这意味着其他用户也可以免费获得该创新，因此用户会在自行对原产品进行改进和直接购买企业的新产品之间进行决策，这又会使需求函数向左移动，因此假设需求函数为：$p = a - b\left[q - \left(\dfrac{1}{t} - \dfrac{1}{s}\right)r\right]$，其中 s 为该项创新的制造成本系数且 $s > 0$，s 越大说明该创新的制造工艺越复杂、制造成本越高，用户单独进行复制的难度越大，则选择购买新产品而不是自行进行改进的用户越多，需求曲线左移的程度越小。在用户创新模式下，企业的创新投入包括开发用户创新工具箱的费用以及寻找可用于大规模生产的用户创新的费用等，这些投入相对封闭式创新模式和客户协同创新模式来说较低，因此假设用户创新模式下，企业创新投入为$\dfrac{1}{2}\mu r^2$，$\mu > 0$ 且 $\mu < \lambda$。假设用户创新效果与客户协同创新模式下的创新效果相同，则用户创新模式下企业的利润为：

$$\pi''_1 = \left\{a - b\left[q - \left(\dfrac{1}{t} - \dfrac{1}{s}\right)r\right] - c + r\right\}q - \dfrac{1}{2}\mu r^2 \qquad (4-17)$$

企业利润最大化条件为：

$$\begin{cases} \dfrac{\partial \pi''_1}{\partial q} = a - c + \left(b\dfrac{1}{t} - b\dfrac{1}{s} + 1\right)r - 2bq = 0 \\ \dfrac{\partial \pi''_1}{\partial r} = \left(b\dfrac{1}{t} - b\dfrac{1}{s} + 1\right)q - \mu r = 0 \end{cases} \qquad (4-18)$$

为使讨论有意义，假设 $b\dfrac{1}{t} - b\dfrac{1}{s} + 1 > 0$，$2b\mu - \left(b\dfrac{1}{t} - b\dfrac{1}{s} + 1\right)^2 > 0$，则由联立方程组（4-18）解得：

$$q = \frac{\mu(a-c)}{2b\mu - \left(b\frac{1}{t} - b\frac{1}{s} + 1\right)^2} \qquad (4-19)$$

$$r = \frac{(a-c)\left(b\frac{1}{t} - b\frac{1}{s} + 1\right)}{2b\mu - \left(b\frac{1}{t} - b\frac{1}{s} + 1\right)^2} \qquad (4-20)$$

用户创新模式下顾客的消费者剩余即需求曲线下方、价格线上方和价格轴围成的三角形的面积为：$\frac{1}{2}q\left\{a + b\left(\frac{1}{t} - \frac{1}{s}\right)r - a + b\left[q - \left(\frac{1}{t} - \frac{1}{s}\right)r\right]\right\} = \frac{1}{2}bq^2$，与式（4-3）相同。

将式（4-19）、式（4-20）相应代入式（4-17）、式（4-3）、式（4-9），得企业、客户和社会福利分别为：

$$\pi_1^{**} = \frac{\mu(a-c)^2}{2\left[2b\mu - \left(b\frac{1}{t} - b\frac{1}{s} + 1\right)^2\right]} \qquad (4-21)$$

$$\pi_2^{**} = \frac{b\mu^2(a-c)^2}{2\left[2b\mu - \left(b\frac{1}{t} - b\frac{1}{s} + 1\right)^2\right]^2} \qquad (4-22)$$

$$\pi_\tau^{**} = \frac{\mu(a-c)^2\left[3b\mu - \left(b\frac{1}{t} - b\frac{1}{s} + 1\right)^2\right]}{2\left[2b\mu - \left(b\frac{1}{t} - b\frac{1}{s} + 1\right)^2\right]^2} \qquad (4-23)$$

将用户创新模式与封闭式创新模式下的企业福利进行比较，可得：

$$\pi_1^{**} - \pi_1 = \frac{(a-c)^2\left[\lambda\left(b\frac{1}{t} - b\frac{1}{s} + 1\right)^2 - \mu\right]}{2\left[2b\mu - \left(b\frac{1}{t} - b\frac{1}{s} + 1\right)^2\right](2b\lambda - 1)} \qquad (4-24)$$

由 $2b\mu - \left(b\frac{1}{t} - b\frac{1}{s} + 1\right)^2 > 0$，$2b\lambda - 1 > 0$，$b\frac{1}{t} - b\frac{1}{s} + 1 > 0$，可得：

当 $s > \dfrac{b}{b\frac{1}{t} + 1 - \sqrt{\frac{\mu}{\lambda}}}$ 时，$\lambda\left(b\frac{1}{t} - b\frac{1}{s} + 1\right)^2 - \mu > 0$，则 $\pi_1^{**} - \pi_1 > 0$；当

$s < \dfrac{b}{b\dfrac{1}{t}+1-\sqrt{\dfrac{\mu}{\lambda}}}$ 时，$\pi_1^{**} - \pi_1 < 0$。令 $s_1 = \dfrac{b}{b\dfrac{1}{t}+1-\sqrt{\dfrac{\mu}{\lambda}}}$。

将用户创新模式与客户协同创新模式进行比较，且 $\lambda > 0$，$\mu > 0$，可得：

$$\pi_1^{**} - \pi_1^* = \frac{(a-c)^2\left\{\lambda\left(b\dfrac{1}{t}-b\dfrac{1}{s}+1\right)^2-\mu\left[b^2\left(\dfrac{1}{t}\right)^2+2b\dfrac{1}{t}+1\right]\right\}}{2\left(2b\lambda-2b\dfrac{1}{t}-b^2\left(\dfrac{1}{t}\right)^2-1\right)\left[2b\mu-\left(b\dfrac{1}{t}-b\dfrac{1}{s}+1\right)^2\right]} \quad (4-25)$$

由 $2b\lambda - 2b\dfrac{1}{t} - b^2\left(\dfrac{1}{t}\right)^2 - 1 > 0$，$2b\mu - \left(b\dfrac{1}{t}-b\dfrac{1}{s}+1\right)^2 > 0$，$b\dfrac{1}{t}-b\dfrac{1}{s}+1 > 0$，$b > 0$，$t > 0$，可得：

当 $s > \dfrac{b}{b\dfrac{1}{t}+1-\sqrt{\dfrac{\mu}{\lambda}\left[b^2\left(\dfrac{1}{t}\right)^2+2b\dfrac{1}{t}+1\right]}}$ 时，$\lambda\left(b\dfrac{1}{t}-b\dfrac{1}{s}+1\right)^2 -$

$\mu\left[b^2\left(\dfrac{1}{t}\right)^2+2b\dfrac{1}{t}+1\right] > 0$，则 $\pi_1^{**} - \pi_1^* > 0$；当 $s < \dfrac{b}{b\dfrac{1}{t}+1-\sqrt{\dfrac{\mu}{\lambda}\left[b^2\left(\dfrac{1}{t}\right)^2+2b\dfrac{1}{t}+1\right]}}$

时，$\pi_1^{**} - \pi_1^* < 0$。令 $s_2 = \dfrac{b}{b\dfrac{1}{t}+1-\sqrt{\dfrac{\mu}{\lambda}\left[b^2\left(\dfrac{1}{t}\right)^2+2b\dfrac{1}{t}+1\right]}}$。

由结论1可知，$\pi_1^* > \pi_1$；由 $b > 0$，$t > 0$ 可知，$\dfrac{b}{b\dfrac{1}{t}+1-\sqrt{\dfrac{\mu}{\lambda}\left[b^2\left(\dfrac{1}{t}\right)^2+2b\dfrac{1}{t}+1\right]}} >$

$\dfrac{b}{b\dfrac{1}{t}+1-\sqrt{\dfrac{\mu}{\lambda}}}$，即 $s_2 > s_1$，则可得制造成本系数 s 在各取值范围情况下企业福利水平变化情况。

同理可得，制造成本系数 s 在各取值范围情况下客户福利、社会总福利变化情况，如图4-3所示。

结论2：企业创新模式的选择与企业客户间的沟通成本和创新的制造成本

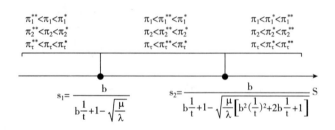

图 4 – 3 制造成本系数取值与各创新模式下福利变动情况

有关，$s_1 = \dfrac{b}{b\dfrac{1}{t}+1-\sqrt{\dfrac{\mu}{\lambda}}}$ 和 $s_2 = \dfrac{b}{b\dfrac{1}{t}+1-\sqrt{\dfrac{\mu}{\lambda}\left[b^2\left(\dfrac{1}{t}\right)^2+2b\dfrac{1}{t}+1\right]}}$ 为制造成本

系数的临界值。$s < s_1$ 时，客户协同创新模式下企业、客户和社会总福利都最高，用户创新模式下福利水平最低；$s > s_2$ 时，用户创新模式下福利水平最高，封闭式创新模式下福利水平最低；$s_1 < s < s_2$ 时，客户协同创新模式下福利水平最高，封闭式创新模式下福利水平最低。

结论 3：客户参与的创新模式下各方福利总是高于封闭式创新模式下的各方福利，而企业选择客户协同创新模式还是用户创新模式取决于企业与客户的沟通成本系数 t 和制造成本系数 s 之间的关系，临界值为 $s = $

$$\dfrac{b}{b\dfrac{1}{t}+1-\sqrt{\dfrac{\mu}{\lambda}\left[b^2\left(\dfrac{1}{t}\right)^2+2b\dfrac{1}{t}+1\right]}}$$

结论 4：企业福利、客户福利和社会总福利的变动情况一致，企业以企业福利最大化为目标做出的生产研发决策即为社会最优决策。

在 b 和 μ/λ 不同的取值情况下，临界值 $s = \dfrac{b}{b\dfrac{1}{t}+1-\sqrt{\dfrac{\mu}{\lambda}\left[b^2\left(\dfrac{1}{t}\right)^2+2b\dfrac{1}{t}+1\right]}}$

的函数曲线如图 4 – 4 所示。当 s 的值位于曲线上方区域时，用户创新模式下各方福利最大；反之位于曲线下方区域时，则客户协同创新模式下各方福利最大。由图 4 – 4 可以看出，沟通成本一定时，b 和 μ/λ 的值越小，适合用户创新的范围越大。当其他条件一定时，沟通成本系数也存在一个临界值，当沟通成本小于临界值时，沟通成本越高，适合用户创新的制造成本的阈值越大，而当沟通成本超过临界值时，随着沟通成本的增长，制造成本的阈值几乎不发生改变。可能的原因是，当沟通成本在临界值范围内时，沟通成本越高，应用用户创新模式所要求的制造成本的阈值越高，否则如果制造工艺非常简单，客户会选择自行 DIY 而非购买企业产品，会对企业福利造成损害；而当沟通成本超过临界值后，企业与客户的合作效率非常低下，创新所需的需求信息和技术信息在企业和客户间的转移非常困难，无法有效应用客户协同创新模式，只能选择用户创新模式，因此制造成本阈值几乎不发生变化。由此可得：

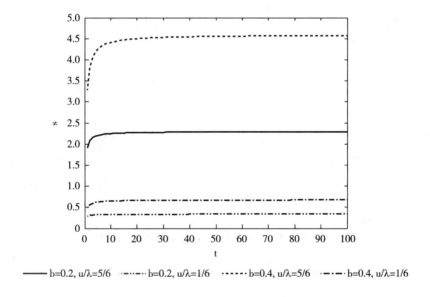

图 4-4　不同参数取值情况下的临界值函数曲线

结论 5：当企业—客户间沟通成本较高时，应采用用户创新模式，以用户为中心的创新系统是解决企业—客户高沟通成本的有效方式。

第三节　算例分析

假设需求函数 $p = 4000 - 0.2q$；$\lambda = 12$，$\mu = 10$，则封闭式创新和客户协同创新模式下企业的创新投入为：$\frac{1}{2}\lambda r^2 = 6r^2$，用户创新模式下企业的创新投入为：$\frac{1}{2}\mu r^2 = 5r^2$；企业创新前单位成本 $c = 20$ 元；企业与客户的沟通成本系数 $t = 1.25$。在 s 的三种不同取值范围情况下，分别计算封闭式创新、客户协同创新和用户创新模式下的各方福利水平以及总体福利状况，如表 4 – 3 所示。

表 4 – 3　不同创新模式下企业、客户及社会总福利情况　　　单位：元

	封闭式创新	客户协同创新	用户创新		
			$s < s_1$	$s_1 < s < s_2$	$s > s_2$
			$s = 0.5$	$s = 1$	$s = 4$
企业福利	25011157	27513432	23142239	25728300	28614473
客户福利	15796520	19115399	13523982	16715371	20675944
社会总福利	40807677	46628831	36666221	42443671	49290417

第四节　本章小结

随着社会的发展、科技的进步，充分利用内外部资源进行创新的思想已经被企业广泛接受和重视，客户融入企业创新体系已是必然趋势。实践中，也有

越来越多的企业开始采用客户参与的创新模式进行产品和服务创新。本章首先基于价值链的视角，定性分析了封闭式创新模式、客户协同创新模式和用户创新模式这三种客户参与程度由低到高的创新模式对企业竞争力的影响，指出了各创新模式适用的企业类型；然后构建了一个基于企业和客户双方的创新模型，分析了随着创新过程中客户参与程度的加深，企业、客户与社会福利的变化情况。研究表明，客户参与企业创新活动可以提高企业、客户和社会福利水平，而具体是客户协同创新模式还是用户创新模式能更高程度地提高福利水平，则取决于企业—客户间的沟通成本以及创新的制造成本之间的比例关系。因此，对于我国企业而言，特别是对于那些自身创新资源还比较薄弱的中小企业而言，充分利用外部创新资源、合理有效地将客户融入到其创新体系中，是提高创新能力、增强企业竞争力的重要途径。客户参与企业创新的程度则需要企业根据所处行业、具体产品、客户群等诸多要素综合考虑来确定，以达到企业、客户和社会福利的最大化。

第五章　客户参与新产品开发的最优策略研究

在客户参与企业新产品开发的过程中，客户的参与方式会对创新成果和企业的最终收益产生影响，企业如何选择最优的客户参与策略是一个值得研究的问题，但目前针对这一问题的定量研究并不多见，而且目前对于客户参与的研究大多基于传统模式，即将客户的作用局限于新产品商业化之前的阶段，对于网络和智能手机的发展对客户在新产品扩散中的重要作用并没有予以考虑。因此，本章基于对开放式创新、网络环境和用户创新性的深入探析，构造了客户知识累积函数和企业设计返工函数，考虑新产品开发过程中企业面临的环境不确定性对最终收益的影响，以研发活动的创新度表征技术不确定性、以客户知识对企业研发活动重要度表征市场不确定性，从客户参与产品概念开发直至商业化全过程的角度，建立了企业收益函数，并以企业收益最大化为目标，研究企业将客户纳入创新活动的最优策略，即最优的参与时间和最优的信息交流次数，从而为企业的客户参与策略提供决策参考。

第一节　网络环境下客户参与行为的特征

　　线下环境下，在企业新产品开发过程中，客户主要在产品研发阶段深度参与，进行价值创造[122]：在概念产生阶段，客户作为产品的最终消费者和使用者，为企业提供自己的真实想法和需求信息以用于新产品的概念开发。在产品设计阶段，客户作为产品创新的共同参与者和设计者，与企业研发人员一起完成产品设计工作。客户作为最终使用者，可以有效识别出关键的产品特征，并按照喜好程度对这些特征进行排序，能够详细阐明对产品界面的要求，同时也可以贡献自己的创新能力共同参与研发。在原型产品测试阶段，客户作为产品使用者，对产品原型进行试用、测试和评价，并将使用感受和改进建议详细地反馈给企业，企业再根据反馈信息对原型产品进行进一步改良。在产品研发过程中，研发人员与客户不断进行知识交换，随着产品开发活动的不断进行，研发人员的客户知识和客户的专业知识都得到提高。产品研发完成后客户即退出协同创新过程，产品制造和扩散阶段几乎没有客户的参与。

　　网络环境下，客户中的领先用户往往是产品的早期采用者，他们对普通用户有很强的影响力，网络环境更使得他们的这种影响力得以充分发挥，他们越早采用新产品，对普通用户的影响就越大，对新产品推广绩效就越有利[90]。因此，网络环境下，客户除了参与线下环境的各阶段，还需要延伸参与到新产品早期推广阶段。在产品研发阶段，与线下环境相同，研发人员不断从客户处获取客户知识，客户重要度逐渐下降。在产品制造阶段，产品制造主要由企业承担，客户的作用很小。到了新产品早期推广阶段，领先用户作为早期采用者在网络环境下与普通用户分享新产品使用经验，对普通客户产生影响，帮助企业实现产品扩散，客户重要度再次上升。

新产品开发过程中，客户尽早参与进来，可以帮助研发人员克服需求信息粘性，使得创新成果最大程度满足客户需求，降低市场不确定性，同时也有利于产品的推广和扩散。但客户参与过早，企业与客户间频繁交流，会增加沟通成本。另外，网络环境下企业产品开发过程以并行方式进行，在并行开发中企业在开发活动结束之前就释放信息，传递给客户并激活客户创新和测试行为。由于企业释放的是不完整的产品开发信息，而客户的反馈又是基于企业释放的不完整信息的，所以势必造成开发活动中不得不进行更频繁的信息交换和迭代，导致开发活动重叠期会产生更多额外的成本[123]，同时不完整信息也会造成企业研发活动的设计返工，我们将以上发生的费用称之为设计返工成本。由此可见，客户越早参与企业产品创新活动，越能降低企业面临的市场不确定性，创新成果越贴合消费者需求偏好，但同时也会带来高额的沟通成本和设计返工成本。因此，企业在何时让客户参与到其产品创新活动中以及参与过程中的交流次数对于企业的最终收益有重要影响，企业需要权衡做出最优决策。

第二节　知识累积函数与设计返工函数

假设新产品开发估计完成时间为 T，企业在 t（$0 \leqslant t \leqslant T$）时刻让客户参与到产品创新活动中，同时与客户进行第一次信息交流，让客户了解、试用和评估已完成部分，再依据客户评价对已完成部分进行改进，然后继续工作；当工作继续进行了 $\Delta t = \dfrac{T-t}{n-1}$（$n > 1$）时间后，再与客户进行第二次信息交流，并对已完成部分进行修改，然后继续工作；以此类推，重复此过程直至新产品开发完成，在创新活动全过程中企业与客户共交流 n 次（见图 5 - 1）。根据以上描述，可以将每个 Δt 时间段内的企业工作时间分成两部分：一是无效工作时间，即需要根据下次信息交流的结果进行一定程度修改的部分；二是有效工作时间，即去除无效工作时间之外的剩余时间，包括为改正上次的无效设计所需要的设计返工时间。定义设计返工率 = 无效工作时间/Δt。

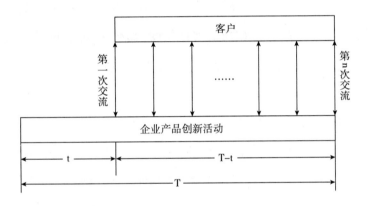

图 5 - 1 客户参与企业产品开发过程示意图

一、客户知识累积函数的定义与扩展

从知识管理的角度来看，可以将创新活动视为一个不断产生和积累新知识的过程[124]。客户在参与新产品开发的过程中，随着创新活动的推进，对产品和技术的认知进一步加深，产品知识、技术知识和使用经验不断累积。文献[123]、[125]、[126]、[127]使用知识累积函数来描述创新活动中这种新知识与时间的动态变化过程。知识累积函数刻画了创新活动完成时间与知识增长之间的关系，可以用于比较和量化知识的变动情况以及初始信息与最终信息之间的差异。对于不同的客户来说，其领先程度不同，具备的专业知识水平不同，对产品或服务的质量参数、产品结构、产品属性等指标的认识程度也不同，这使得他们的知识初始状态以及后期的累积演化路径都存在差异，从而影响到创新活动的完成时间和质量，对企业创新策略的制定也会产生影响。因此，在研究客户参与企业新产品开发时需考虑客户领先程度对创新活动的影响，基于此本书提出如下改进的客户知识累积函数（见图 5 - 2）。

$$f(t) = k \times \left(\frac{t}{T}\right)^{(2-\lambda)\alpha} + \lambda(1 - k) \qquad (5-1)$$

其中，f（t）为知识累积率；t 为创新活动时间；T 为该创新活动的期望完成时间；k（0≤k≤1）为创新活动创新度指数，决定了知识累积曲线与 y 轴的截距。k = 0 表示该活动无任何创新性，此时知识累积函数为截距为 λ 的一条直线；k = 1 表示该创新活动无任何可借鉴经验，创新度为 100%，此时知识累积函数为从原点开始的一条曲线；λ（0≤λ≤1）为客户领先程度。λ 值越高，客户领先程度越高。在其他条件相同的情况下，客户领先程度越高，其初始知识库初始水平越高，学习新知识的能力也越强，即在创新活动中知识累积速度越快；α 为知识累积演化路径指数，由具体创新活动的特性决定，α > 0。

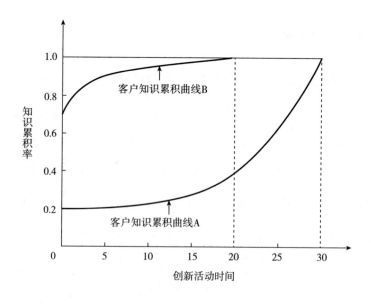

图 5 - 2　客户知识累积函数示意图

二、企业的设计返工函数

在企业与客户产品协同开发过程中，由于客户与企业研发人员在设计目标、专业知识和评价标准等方面都存在较大差异，同时由于不同设计对象之间或设计对象的不同属性之间存在着各种相互依赖的关系，在设计过程中难免发生冲突[128]。冲突可能就意味着重做，加之并行产品开发中上下游交流的信息不完整性，都会导致进度风险和重复设计。

一般来说，根据产品特性不同，其开发过程中对客户知识的依赖度也会不同，需求信息对其越重要，则开发过程中客户与企业研发人员之间的冲突造成的设计返工量也就越大。随着创新活动进行过程中客户知识的不断积累，客户与企业研发人员在专业知识、产品认知等方面的差异不断缩小，设计返工量也就会减小。在需求信息重要性和客户知识累积率相同的情况下，如果企业自身的研发能力很强，也可以降低其设计返工量。因此本书提出的设计返工函数如图 5-3 所示。

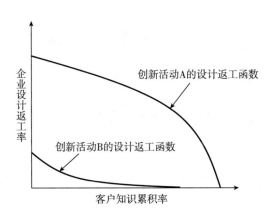

图 5-3 企业设计返工函数示意图

$$g(x) = m(1-x)^{\beta} \tag{5-2}$$

其中，g（x）为设计返工率；x（$0 \leqslant x \leqslant 1$）为客户知识累积率；m（$0 \leqslant m \leqslant 1$）为客户知识对新产品开发的重要度。当 m = 0 时，说明客户知识的累积率完全不会影响到新产品开发的进行，不会造成设计返工；当 m = 1 时，说明客户知识对于新产品开发至关重要，如果客户没有知识则企业无法开展创新工作，即使勉强开展也将面临极大的设计返工风险；β 为企业技术能力指数，$\beta \geqslant 0$，β 越大，说明企业技术能力越强，则在其他条件相同的情况下，其设计返工率越小。

第三节 客户参与企业新产品开发模型

一、模型建立

将式（5-1）代入式（5-2），得设计返工函数为：

$$g(t) = m\left[1 - k \times \left(\frac{t}{T}\right)^{(2-\lambda)\alpha} - \lambda(1-k)\right]^{\beta} \tag{5-3}$$

式（5-3）描述了客户参与企业新产品开发的介入时间 t 与企业创新活动设计返工率的关系。由于客户领先程度与设计返工率和企业收益的关系显而易见，显然参与企业创新活动的客户的领先程度越高，对企业创新活动越有利，现实中企业在邀请客户参与其创新活动时也会尽量选择领先程度高的客户，因此，为便于分析，假设 $\lambda = 1$，且 $\alpha = 1$，$\beta = 1$，则

$$g(t) = mk\left(1 - \frac{t}{T}\right) \tag{5-4}$$

则在第 i 个 Δt 时间段内，企业设计返工率、设计工作返工时间和有效工作时间分别为：

$$g(t_i) = mk\left(1 - \frac{t_i}{T}\right) \tag{5-5}$$

$$t_i^r = g(t_i)\Delta t \tag{5-6}$$

$$t_i^e = [1 - g(t_i)]\Delta t \tag{5-7}$$

其中：

$$\Delta t = \frac{T-t}{n-1} \tag{5-8}$$

$$t_i = t + (i-1)\Delta t, \ i = 1, 2, \cdots, n-1。 \tag{5-9}$$

则企业创新活动总的设计返工时间为：

$$T_{rework} = \sum_{i=1}^{n-1} t_i^r \tag{5-10}$$

将式（5-5）、式（5-6）、式（5-8）、式（5-9）代入式（5-10），得：

$$T_{rework} = \frac{mkn(T-t)^2}{2T(n-1)} \tag{5-11}$$

假设该产品的收益函数 f 是产品生命周期的线性函数，定义 $f = aL_c + \theta$，其中 a 为该产品的单位时间平均利润率且 $a > 0$；L_c 为产品生命周期，指产品的市场寿命，以产品商业化的时间为起点开始计算；θ 是均值为零、方差为 σ^2 的正态分布随机变量，代表外生的不确定因素，反映了该产品的市场风险。实施客户协同创新策略后，客户与企业间由串行工作方式变为并行工作方式，产品开发时间缩短了 $T-t$，缩短产品开发时间也就延长了该产品的生命周期，因此实施客户协同创新策略后该产品的期望利润增量为：$a(T-t)$。新产品扩散的传播渠道可分为大众媒体和人际关系网络[129]，假设为实现新产品扩散，该产品总营销成本为 M（M > 0），其中用于人际关系网络渠道的营销成本为

αM （$0 \leqslant \alpha \leqslant 1$）。参与产品开发过程的领先用户在产品扩散早期会转化为社会网络中的种子顾客或意见领袖，他们会加速产品在社会网络中的扩散[130]，而且客户介入时间越早，他们积累的产品知识越丰富，领先程度越高，越有利于产品扩散[50]，则企业节省的营销成本为 $\left(1 - \dfrac{t}{T}\right)\alpha M$。

在客户参与企业新产品开发的过程中，由于客户的加入，企业与客户沟通过程中会产生沟通成本。由于双方设计目标、专业知识和评价标准等的差异以及信息的粘性，沟通结束后企业会对原有的设计进行改进和校正，这就产生了设计返工成本。假设客户参与创新后，增加了沟通成本（单位沟通成本为 c_m）和设计返工成本（单位设计返工成本为 c_t），其他成本变动较小，假定其不变，则客户参与企业新产品开发增加的成本为：$(n-1)c_m + T_{rework}c_t$。

则可得企业期望利润增量为：

$$\pi = 收益增量 - 成本增量 = a(T-t) + \left(1 - \frac{t}{T}\right)\alpha M - \left[(n-1)c_m + T_{rework}c_t\right]$$

$$(5-12)$$

将式（5-11）代入式（5-12），得：

$$\pi = a(T-t) + \left(1 - \frac{t}{T}\right)\alpha M - (n-1)c_m - \frac{mknc_t(T-t)^2}{2T(n-1)} \qquad (5-13)$$

企业做出是否将客户纳入其创新活动，以及何时纳入创新活动的依据是其期望利润增量最大化，为使客户参与企业新产品开发为企业带来的利润增量最大，问题转化为如下最优化问题：

$$\max\{\pi(t, n)\}$$

$$s.t. \begin{cases} n \geqslant 1 \\ 0 \leqslant t \leqslant T \\ 0 \leqslant m, \ k, \ \alpha \leqslant 1 \\ a, \ c_t, \ c_m, \ M > 0 \end{cases} \qquad (5-14)$$

二、模型求解

由式（5-14）得一阶条件为：

$$\frac{\partial \pi}{\partial t} = -a - \frac{\alpha M}{T} + \frac{mknc_t(T-t)}{T(n-1)} \qquad (5-15)$$

$$\frac{\partial \pi}{\partial n} = -c_m + \frac{mkc_t(T-t)^2}{2T(n-1)^2} \qquad (5-16)$$

二阶条件为：

$$A = \frac{\partial^2 \pi}{\partial t^2} = -\frac{mknc_t}{T(n-1)} \qquad (5-17)$$

$$B = \frac{\partial^2 \pi}{\partial t \partial n} = -\frac{mkc_t(T-t)}{T(n-1)^2} \qquad (5-18)$$

$$C = \frac{\partial^2 \pi}{\partial n^2} = -\frac{mkc_t(T-t)^2}{T(n-1)^3} \qquad (5-19)$$

$$B^2 - AC = -\frac{m^2 k^2 c_t^2 (T-t)^2}{T^2(n-1)^3} \qquad (5-20)$$

根据二元函数极值存在的充分条件可知，目标函数 π 是否存在极值的关键在于式（5-20）和式（5-17）的取值。下面对其取值情况分别进行讨论：

（1）当 $B^2 - AC \neq 0$ 时，由目标函数约束条件可知，$B^2 - AC < 0$ 且 $A = \frac{\partial^2 \pi}{\partial t^2} < 0$，此时目标函数存在极大值，客户最优参与时间和最优交流次数可由下式求得：

$$\begin{cases} \dfrac{\partial \pi}{\partial t} = -a - \dfrac{\alpha M}{T} + \dfrac{mknc_t(T-t)}{T(n-1)} = 0 \\[4mm] \dfrac{\partial \pi}{\partial n} = -c_m + \dfrac{mkc_t(T-t)^2}{2T(n-1)^2} = 0 \end{cases} \qquad (5-21)$$

解得客户最优参与时间和最优交流次数分别为：

$$
\begin{cases}
t^* = T - \dfrac{aT + \alpha M - \sqrt{2Tmkc_tc_m}}{mkc_t} \\[3mm]
n^* = \dfrac{aT + \alpha M}{\sqrt{2Tmkc_tc_m}}
\end{cases}
\tag{5-22}
$$

（2）当 $B^2 - AC = 0$ 时，有如下三种可能情况：

1）客户知识对新产品开发重要度 $m = 0$。表明该创新活动对客户知识的依赖度很小，客户知识对创新成果的影响微乎其微，即使客户信息发生变化，也不会造成设计返工或创新过程的延迟，因此该创新过程可以不需要客户参与。

2）创新活动创新度指数 $k = 0$。表明企业对该创新活动的技术信息完全确定，即使客户提前介入也不会造成设计返工，因此客户越早参与创新活动对企业越有利。

3）客户参与时间 $t = T$，即该创新活动不需要客户的介入。可能的原因是企业有能力在经济的预算内充分接触每一位客户，能够在创新活动开始前就有效了解客户的具体需求，因此在具体的创新过程中不需要客户的参与，类似于产品定制过程。或者创新活动的技术不确定性非常大，客户参与可能会造成极其高昂的设计返工成本，因此客户不参与创新活动对企业更有利。

三、模型讨论

1. 最优客户参与时间和最优交流次数的关系

为便于分析，将式（5-22）变形得：

$$
t^* = T - \frac{aT + \alpha M}{mkc_t}\left(1 - \frac{1}{n^*}\right)
\tag{5-23}
$$

由式（5-23）可以看出，客户参与新产品开发过程中，最优交流次数与最优参与时间有关。客户参与时间越早，需要的交流次数越多，这符合人们的一般认知规律，也符合文献[131]中关于设计活动最优介入时间与交流次数的相关结论。

在企业和客户沟通不是非常充分的情况下，增加交流次数会使客户的最优参与时间提前。但当信息交流次数达到一定程度后，它对最优参与时间的影响就变得很小了，即当 $n^* \to +\infty$ 时，最优参与时间收敛于 $t^* = T - \dfrac{aT + \alpha M}{mkc_t}$。

2. 客户参与策略讨论

（1）客户串行参与模式的判定条件为：

由式（5-22）可知，需 $t^* = T - \dfrac{aT + \alpha M - \sqrt{2Tmkc_tc_m}}{mkc_t} \geq T$，解之得：

$$\sqrt{mk} \geq \frac{aT + \alpha M}{\sqrt{2Tc_tc_m}} \qquad (5-24)$$

式（5-24）即为客户串行参与模式的判定条件，此时客户不直接参与企业新产品开发过程，而是在企业创新活动结束后，串行参与一定的测试、推广等工作。可能的原因是，当创新活动对客户知识的依赖度和创新度都很高时，如果客户提前参与创新活动，造成的设计返工成本会非常高。

（2）客户平行参与模式的判定条件为：

由式（5-22）可知，需 $t^* = T - \dfrac{aT + \alpha M - \sqrt{2Tmkc_tc_m}}{mkc_t} \leq 0$，解之得：

$$0 \leq \sqrt{mk} \leq \frac{\sqrt{2Tc_tc_m + 4Tc_t(aT + \alpha M)} - \sqrt{2Tc_tc_m}}{2Tc_t} \qquad (5-25)$$

式（5-25）为客户平行参与模式的判定条件，即客户在新产品开发一开始就参与进来。可能的原因是创新活动创新度或者对客户知识的依赖度很小时，企业的设计返工率很低，因此客户在一开始就参与到创新活动中，既可以使产品更贴近客户需求并协助产品扩散，又不会产生高额的设计返工成本，对企业最有利。

（3）客户重叠参与模式的判定条件为：

除式（5-24）和式（5-25）两种情形外，客户重叠参与企业创新活动对企业更有利，即在企业创新活动进行到 $t^* = T - \dfrac{aT + \alpha M - \sqrt{2Tmkc_t c_m}}{mkc_t}$ 时让客户参与到创新活动中，并在此后的 $T - t^*$ 时间内，与其共交流 $n^* = \dfrac{aT + \alpha M}{\sqrt{2Tmkc_t c_m}}$ 次。

第四节　算例分析

国内某科技公司主要专注于新一代智能手机软件开发和热点移动互联网业务，拥有智能手机、智能手机操作系统和即时通信软件等核心产品。公司为旗下的每个核心产品都设立了专属的网上社区，在社区中客户不仅可以针对使用过程中遇到的问题，对产品提出相应的改进建议，更可以针对问题提出解决方案，直接参与到产品创新中。公司十分重视与客户的交流沟通，不管客户在社区中以何种方式参与，都会得到产品开发小组的回应。公司会根据客户的反馈信息对产品进行改进，定期发布改进后的产品，然后客户又对改进后的产品进行新一轮测试和反馈，公司再进一步进行改良，如此反复，直至产品最大程度满足客户需求。通过这种方式，公司以网络平台为依托，以创新社区为媒介，以极低的沟通成本实现了新产品开发过程的客户参与，提升了产品质量和竞争力，也因此培养了一大批忠实顾客。

以该公司操作系统开发过程为例，对其将客户纳入企业产品创新过程的最优策略进行分析，相关参数如表5-1所示，其中：①创新活动估计完成时间

T、单位设计返工成本 c_t、单位时间平均利润率 a 为根据此前产品开发和使用情况评估得来。②创新活动创新度指数 k 由模糊层次分析法获得。③客户知识对创新活动的重要度 m 通过对参与创新人员进行问卷调查打分获得。④由于公司产品社区中参与创新的都是产品"发烧友",具有很高的领先程度,因此假设客户领先程度 λ = 1。⑤单位沟通成本 c_m 主要包括电话、传真、电子邮件等双方约定的交流手段所产生的费用,以及对参与创新的客户的工资、补贴等的单位时间平均费用,由于该公司依托网络虚拟社区与客户实现沟通,客户的参与动机也主要来自独特性需求、自我价值实现等,而非获得工资和补贴,因此与其他公司不同,该公司在以上几方面的投入极低;该公司沟通成本最主要的构成包括用户社区的软硬件维护、社区中用户需求和反馈的提取与结构化等。⑥不同于传统厂商的营销方式:广告宣传、线下活动、明星代言人等,该公司以对技术的共同兴趣吸引第一批基础用户,培养第一批粉丝,充分发挥互联网"粉丝经济学"的营销口碑效应,不断扩大自己的用户圈子,其实际营销成本极低,因此取 M = 0。

表 5 - 1　相关参数评估结果

参数	创新度指数 k	客户知识对创新活动的重要度 m	客户领先程度 λ	单位设计返工成本 c_t（元/天）	单位沟通成本 c_m（元/天）
数值	0.589	0.874	1	23000	11000
参数	估计完成时间 T（天）	单位时间平均利润率 a（元/天）	营销成本 M（元）	—	—
数值	113	33000	0	—	—

1. 构造知识累积函数和设计返工函数

根据表 5 - 1 中的评估参数,创新活动知识累积函数和企业设计返工函数分别为:

知识累积函数:$f(t) = 0.589 \times \left(\dfrac{t}{113} \right) + 0.411$,其中 $0 \leq t \leq 113$。

设计返工函数：$g(x) = 0.874 \times (1 - x)$。

2. 客户参与模式的判断

计算得，$\sqrt{mk} = 0.717$，$\dfrac{aT + \alpha M}{\sqrt{2Tc_t c_m}}$

$$= 15.595，\dfrac{\sqrt{2Tc_t c_m + 4Tc_t(aT + \alpha M)} - \sqrt{2Tc_t c_m}}{2Tc_t}$$

$$= 1.1527049819。$$

显然式（5-24）不成立，式（5-25）成立，即该创新活动适于客户平行参与模式，在创新一开始时就邀请客户参与进来对企业最有利。

3. 最优交流次数的确定

计算得，$n^* = \dfrac{aT + \alpha M}{\sqrt{2Tmkc_t c_m}} = [21.735] = 22$。

由此可知，对于该公司此项创新活动来说，客户在创新活动最开始时参与进来，并在此后与企业进行 22 次信息交流和沟通，即平均约每 5 天进行一次交流，是企业保证利润最大化的最优策略。现实中，该公司在创立之初就建立了产品虚拟社区，吸引了一大批"发烧友"即领先用户会聚其中，在产品创新过程中由客户不断对产品进行测试和反馈，公司根据客户反馈每周五公布新的改进，即每 7 天与客户沟通并返工一次，这与计算结果相近，考虑现实中每周固定时间交流更便于管理的原因，可以认为与计算结果相符。

第五节　本章小结

随着社会的发展、科技的进步，充分利用内外部资源的开放式创新思想已经被企业广泛接受和重视，客户融入企业创新体系已是必然趋势。实践中，也有越来越多的企业开始采用客户参与的创新模式进行产品和服务创新。客户与企业的并行迭代工作可以有效缩短产品开发周期，但同时也会增加研发不确定性，从而导致设计返工风险，因此企业需要在信息迭代和设计返工中寻求最优平衡点，才能确保资源的最优配置和产品创新收益的最大化。基于此，本章从创新活动创新度、客户知识对创新活动的重要度和客户领先程度入手，构建了客户知识累积函数和企业设计返工函数，建立了客户参与企业产品创新和扩散的数学模型，构造了考虑创新成本和市场偏好的企业收益函数，以企业利润最大化为目标，得出了企业将客户纳入其产品创新活动的最优客户参与时间和最优交流次数，对客户参与模式的判定条件进行了探讨，最后通过算例证明了该方法的可行性和有效性。结果表明，本书提出的方法能够帮助企业有效判别客户最优参与模式和参与策略，为企业纳入客户参与并行产品开发过程的重叠规划和决策提供科学指导。

第六章　客户参与新产品开发的激励模型研究

在客户参与企业新产品开发过程中，客户为了与企业共同进行产品开发，需要付出一定的努力，努力就会产生成本[132]，虽然创新过程中获得的荣誉感、成就感等会给客户带来一定的精神补偿，但当精神补偿不足以弥补客户付出的成本时，客户就会不参与或消极参与协同创新，从而造成协同创新效率低下。此时，企业就需要以企业创新收益最大化为目标，在创新成本和创新效率间做出权衡，对客户采取合理的激励措施。基于此，本章考虑制造商、客户和供应商的努力程度及努力程度对创新效果的影响，在客户参与的半开放式创新、客户和供应商共同参与的全开放式创新两种情景下，分别构建了企业对客户的激励模型，以企业利润最大化为目标，指出了客户参与企业新产品开发中企业对客户的最优激励策略，并通过算例验证了方法的适用性和有效性，以期为企业科学实施客户参与的新产品开发模式提供一定的理论支持。

第一节 基本假设和变量描述

假设存在一个制造商和一个对应的供应商，制造商生产1单位最终产品需要供应商提供1单位中间产品，则供应商生产中间产品与制造商生产的最终产品的市场需求相同。假设产品市场需求为 a，最终产品和中间产品的市场价格分别为 p、p′，制造商和供应商的单位产品成本分别为 c、c′。

假设 I_i（$i=1$，2，3）分别为制造商、客户和供应商在新产品开发活动中付出的努力。各方付出的努力可以通过任务完成进度、任务完成质量和知识共享程度进行评估，即当任务准时或提前完成、任务完成质量高且知识共享度高时，付出努力较高；反之则较低（见图6-1）。

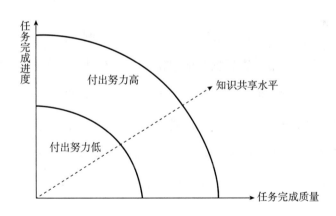

图6-1 努力判断依据

因付出努力所耗费的成本分别为：

$$TC_i = h_i \cdot \frac{I_i^2}{2} (i = 1, 2, 3) \tag{6-1}$$

其中，h_i（$i = 1, 2, 3$）分别为制造商、客户和供应商的成本参数，$h_i >$ 0。成本参数的取值与成本效率有关，当成本效率较高时，成本参数值低，即当努力水平一定时，成本效率高的一方所耗费的成本较低。由于在开放式创新过程中，各方协同合作，将很多信息进行共享，因此彼此间对对方的成本效率基本熟知。

假设客户在参与制造商新产品开发过程中，制造商为鼓励客户积极参与、提高客户努力程度，会给予客户一定的补贴。假定制造商对客户采用可变补贴策略，即制造商对客户的补贴分为两部分：一是固定补贴，由双方根据产品开发创新度、预期开发周期、市场风险等因素商定；二是变动补贴，主要取决于各方努力水平，当各方努力程度较高时，可变激励相应提高，当各方努力程度较低时，可变激励相应降低[133]。可表达为：

$$T = t + \omega \sum_{i=1}^{n} I_i \tag{6-2}$$

其中，T 为给客户的总补贴；t 为固定补贴，由制造商与客户谈判确定；ω 为变动补贴系数，由制造商根据每项创新活动的不同性质确定；n 为创新参与方数量，在仅客户参与的半开放式创新中 n = 2，在客户和供应商共同参与的全开放式创新中 n = 3。根据美国心理学家与行为学家赫茨伯格的双因素理论[134]，可以将固定补贴归类为保健因素，能够消除客户的"不满意"；变动补贴归类为激励因素，能够激励客户努力参与新产品开发活动，体现出制造商对客户激励水平的高低。

客户或供应商参与新产品开发可以改善产品质量或绩效，假设以产品销量的增加来衡量这一改善，市场需求变为 $q = a + b \sum_{i=1}^{n} I_i$ [135]，其中 n 为创新参与方数量，在仅客户参与的半开放式创新中 n = 2，在客户和供应商共同参与的全开放式创新中 n = 3；q 为产品销量；b > 0。

第二节　客户参与新产品开发激励模型的建立

在客户参与新产品开发过程中，创新的参与者不仅包含制造商和客户，还可以包括供应商、科研机构和高等院校等主体。为了简化模型，本章仅考虑利益关系最为密切的三大主体：制造商、客户和供应商[136]，即本章构建两种情境下的客户参与新产品开发激励模型：一是仅客户参与的半开放式创新，二是客户和供应商共同参与的全开放式创新。

一、仅客户参与的半开放式创新激励模型

在仅客户参与的半开放式创新下，制造商与客户的收益函数分别为：

$$\pi_1 = (p - c)[a + b(I_1 + I_2)] - \frac{h_1 I_1^2}{2} - [t + \omega(I_1 + I_2)] \tag{6-3}$$

$$\pi_2 = t + \omega(I_1 + I_2) - \frac{h_2 I_2^2}{2} \tag{6-4}$$

由式（6-3）和式（6-4）可得：

$$\frac{\partial \pi_1}{\partial I_1} = b(p - c) - h_1 I_1 - \omega \tag{6-5}$$

$$\frac{\partial \pi_2}{\partial I_2} = \omega - h_2 I_2 \tag{6-6}$$

令式（6-5）和式（6-6）等于 0，可使制造商和客户收益最大的努力程度分别为：

$$I_1^* = \frac{b(p - c) - \omega}{h_1} \tag{6-7}$$

$$I_2^* = \frac{\omega}{h_2} \qquad (6-8)$$

将式（6-7）和式（6-8）代入式（6-3）并求导，可得：

$$\frac{\partial \pi_1}{\partial \omega} = \frac{b(p-c)(h_1-h_2)-\omega(2h_1-h_2)}{h_1 h_2} \qquad (6-9)$$

则使制造商收益最大化的变动补贴系数为：

$$\omega^* = \frac{b(p-c)(h_1-h_2)}{2h_1-h_2} \qquad (6-10)$$

由式（6-10）可得：

$$\frac{\partial \omega^*}{\partial h_1} = \frac{bh_2(p-c)}{(2h_1-h_2)^2} > 0 \qquad (6-11)$$

$$\frac{\partial \omega^*}{\partial h_2} = \frac{-bh_1(p-c)}{(2h_1-h_2)^2} < 0 \qquad (6-12)$$

结论1：在仅客户参与的半开放式创新模式下，单位产品利润和单位努力提高的产品销量越高，制造商愿支付的客户激励水平越高。制造商成本效率越高，愿支付的客户激励水平越低；客户成本效率越高，制造商愿支付的客户激励水平越高。这是因为，从成本和收益的角度考虑，制造商倾向于选择成本效率高者并愿多付出努力。

将式（6-10）代入式（6-7）可得：

$$I_1^* = \frac{b(p-c)}{2h_1-h_2} \qquad (6-13)$$

由式（6-13）和式（6-10）可知，为使协议达成，需 $h_1-h_2>0$，因此假设 $h_1-h_2>0$。

结论2：在仅客户参与的半开放式创新模式下，制造商成本效率越高、客户成本效率越低，制造商在创新中愿付出的努力程度越高；单位产品利润和单位努力提高的产品销量越高，制造商愿付出的努力程度越高。

结论3：在仅客户参与的半开放式创新模式下，当客户成本系数 $h_2 < h_1$

时，客户参与新产品开发才能为制造商带来收益，客户与制造商协同创新协议才能够达成。现实中，制造商在研发场地、设备和人员等方面的固定支出巨大，而客户的创新成本却很低，通常远低于制造商创新成本[137]，可以认为 $h_2 < h_1$ 符合现实情况，因此现实中客户参与新产品开发能够为制造商带来收益。

二、客户、供应商共同参与的全开放式创新模型

在全开放式的创新模式下，客户、供应商共同参与到核心企业的产品创新活动中。供应商早期参与产品创新，有利于构建和保持与制造商的合作伙伴关系、提高自身创新能力以及减少外部竞争压力等，因此供应商也可能参与到产品创新中，与制造商共同努力，并帮助其分担一部分创新成本。假设供应商分担成本的比例为 k（$0 \leqslant k \leqslant 1$），由制造商与供应商谈判确定，通常取决于双方议价能力、行业地位、品牌知名度等因素。则此时制造商、客户和供应商的收益函数分别为：

$$\pi'_1 = (p - c)\left[a + b(I_1 + I_2 + I_3)\right] - \frac{h_1 I_1^2}{2} - (1 - k)\left[t + \omega(I_1 + I_2 + I_3)\right] \quad (6 - 14)$$

$$\pi'_2 = t + \omega(I_1 + I_2 + I_3) - \frac{h_2 I_2^2}{2} \quad (6 - 15)$$

$$\pi'_3 = (p' - c')\left[a + b(I_1 + I_2 + I_3)\right] - \frac{h_3 I_3^2}{2} - k\left[t + \omega(I_1 + I_2 + I_3)\right] \quad (6 - 16)$$

1. 研发联盟下的激励决策

在制造商和供应商结成研发联盟的情况下，双方以共同收益最大化为目标进行努力和激励决策。制造商和供应商的共同收益为：

$$\pi_\tau = \pi'_1 + \pi'_3 = (p - c + p' - c')\left[a + b(I_1 + I_2 + I_3)\right] -$$

$$\frac{h_1 I_1^2}{2} - \frac{h_3 I_3^2}{2} - t - \omega(I_1 + I_2 + I_3) \quad (6 - 17)$$

由式（6-17）可得：

$$\frac{\partial \pi_\tau}{\partial I_1} = b(p - c + p' - c') - h_1 I_1 - \omega \tag{6-18}$$

$$\frac{\partial \pi_\tau}{\partial I_3} = b(p - c + p' - c') - h_3 I_3 - \omega \tag{6-19}$$

由式（6-18）和式（6-19）可得，令共同收益最大化的努力程度分别为：

$$I_1^{**} = \frac{b(p - c + p' - c') - \omega}{h_1} \tag{6-20}$$

$$I_3^{**} = \frac{b(p - c + p' - c') - \omega}{h_3} \tag{6-21}$$

由式（6-15）可得，令客户收益最大化的努力程度为：

$$I_2^{**} = \frac{\omega}{h_2} \tag{6-22}$$

将式（6-20）至式（6-22）代入式（6-16）可得：

$$\frac{\partial \pi_\tau}{\partial \omega} = b(p - c + p' - c')\left(\frac{1}{h_2} - \frac{1}{h_1} - \frac{1}{h_3}\right) + \omega\left(\frac{1}{h_1} - \frac{2}{h_2} + \frac{1}{h_3}\right) \tag{6-23}$$

则使制造商和供应商共同收益最大化的变动补贴系数为：

$$\omega^{**} = \frac{b(p - c + p' - c')(h_2 h_3 - h_1 h_3 + h_1 h_2)}{h_2 h_3 - 2h_1 h_3 + h_1 h_2} \tag{6-24}$$

对式（6-24）进行整理得：

$$\omega^{**} = \frac{b(p - c + p' - c')}{1 - \dfrac{h_3}{\left(\dfrac{h_2 h_3}{h_1 - h_3 + h_2}\right)}} \tag{6-25}$$

结论4：在制造商与供应商结为研发联盟的开放式创新模式下，客户成本效率越高，制造商和供应商愿支付的激励水平越高；制造商成本效率越高，愿支付的客户激励水平越低；同理可证，供应商成本效率越高，愿支付的客户激励水平越低。

将式（6-25）代入式（6-20）可得：

$$I_1^{**} = \frac{b(p-c+p'-c')}{2h_1 - h_2 - \dfrac{h_1 h_2}{h_3}} \qquad (6-26)$$

由式（6-24）和式（6-26）可知，为使协议达成，需 $h_2 h_3 - h_1 h_3 + h_1 h_2 > 0$。

结论5：在制造商与供应商结为研发联盟的开放式创新模式下，供应商成本效率越低、客户成本效率越高，制造商在创新中愿付出的努力程度越低。同理可证，制造商成本效率越低、客户成本效率越高，供应商在创新中愿付出的努力程度越低。这是因为，在制造商和供应商结为研发联盟的情况下，制造商与供应商的利益是一致的，无论两者中的哪一方成本效率低，他们都会更倾向于选择通过激励使成本效率高的客户多付出努力。

结论6：在制造商与供应商结为研发联盟的开放式创新模式下，当供应商成本系数 $h_3 < \dfrac{h_1 h_2}{h_1 - h_2}$ 时，供应商参与新产品开发才能为制造商带来收益，供应商与制造商的研发联盟才能够形成。当客户成本效率较高或制造商自身成本效率较低时，制造商对供应商的成本效率要求的阈值较小，即对供应商成本效率的要求较高。这是因为，在研发联盟模式下，供应商加入后会与制造商共享创新收益，而当客户具有较高的成本效率时，制造商能够从与客户合作的新产品开发过程中获得较高收益，因此对能够与其同享高收益的其他研发伙伴的选择要求也较高。同样，当制造商自身产品效率较低时，更倾向于寻找成本效率高的供应商作为合作伙伴，以提高共同收益。

2. 不联盟下的激励决策

假设供应商参与制造商新产品开发，但双方并不联盟，各自以自身收益最大化为目标进行决策，则激励决策分为两阶段进行：第一阶段制造商以自身收益最大化为目标决定努力水平和对客户的激励水平；第二阶段客户和供应商根据制造商的激励决策，分别以自身收益最大化为目标决定努力水平。我们采用逆推算法：首先假定第一阶段补偿系数 ω 已确定，客户和制造商根据 ω 分别以自身收益最大化为目标决定努力程度 I_2、I_3。由式（6 – 14）和式（6 – 16）可得：

$$\frac{\partial \pi'_1}{\partial I_1} = (p - c) \, b - h_1 I_1 - (1 - k) \, \omega \qquad (6 - 27)$$

$$\frac{\partial \pi'_3}{\partial I_3} = (p' - c') \, b - h_3 I_3 - k\omega \qquad (6 - 28)$$

由此可得制造商和供应商的努力程度分别为：

$$I_1^{***} = \frac{(p - c) \, b - (1 - k) \, \omega}{h_1} \qquad (6 - 29)$$

$$I_3^{***} = \frac{(p' - c') \, b - k\omega}{h_3} \qquad (6 - 30)$$

将式（6 – 29）、式（6 – 30）和式（6 – 22）代入式（6 – 14）可得：

$$\frac{\partial \pi'_1}{\partial \omega} = b \, (p - c) \left(\frac{1}{h_2} - \frac{k}{h_3}\right) - b \, (1 - k) \left(\frac{p - c}{h_1} + \frac{p' - c'}{h_3}\right) - (1 - k)$$

$$\left(-\frac{1 - k}{h_1} + \frac{2}{h_2} - \frac{2k}{h_3}\right)\omega \qquad (6 - 31)$$

则使制造商收益最大化的变动补贴系数为：

$$\omega^{***} = \frac{bh_2(1 - k)\left[(p - c)h_3 + (p' - c')h_1\right] - bh_1(p - c)(h_3 - kh_2)}{(1 - k)\left[(1 - k)h_2 h_3 - 2h_1 h_3 + 2kh_1 h_2\right]} \qquad (6 - 32)$$

考虑到所列式子的复杂性，采用 Matlab7.0 作为计算工具对最优激励水平和供应商分担成本比例的关系进行数值分析。设置参数为：$p - c = 2$，$p' - c' = 1$，$b = 1$，k 的变化区间为 $[0, 1]$。图 6 – 2 和图 6 – 3 中横坐标为 k，纵坐标为 ω^{***}。图 6 – 4 中横坐标为 k，纵坐标为 ω^{***} 和 I_3^{***}。

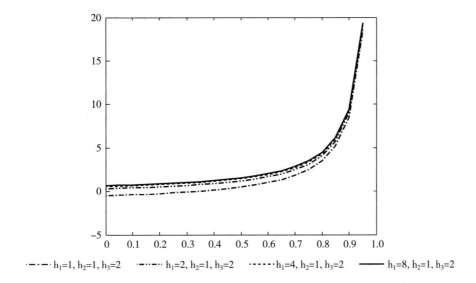

图 6 - 2　h_1 变化时 ω^{***} 随 k 的变化趋势图

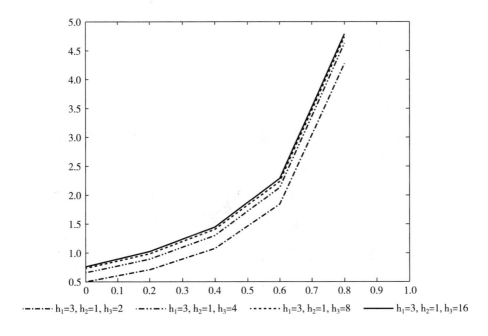

图 6 - 3　h_3 变化时 ω^{***} 随 k 的变化趋势图

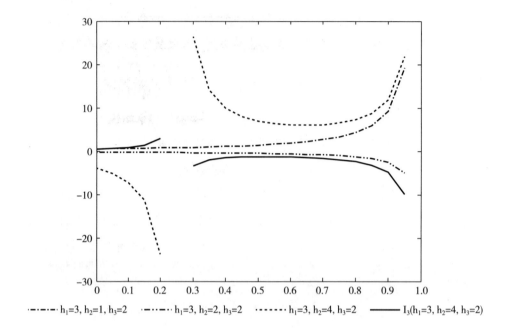

$\cdots - \cdots$ h₁=3, h₂=1, h₃=2 $- \cdots -$ h₁=3, h₂=2, h₃=2 $\cdots\cdots$ h₁=3, h₂=4, h₃=2   —— I₃(h₁=3, h₂=4, h₃=2)

图 6 - 4   h₂ 变化时 ω*** 和 I₃*** 随 k 的变化趋势图

结论 7：在制造商与供应商没有结成研发联盟的开放式创新中，制造商或供应商成本效率越低，愿支付给客户的激励水平越高；供应商愿分担的成本比例越高，制造商愿支付给客户的激励水平越高。这是因为，当制造商或供应商成本效率低时，制造商愿通过提高激励水平来鼓励成本效率高的客户多付出努力，以节省研发成本；而当供应商愿分担的成本比例高时，制造商相应承担的成本比例减少，制造商能够以相对较少的成本获得较高的客户努力回报，因此愿支付给客户的激励水平也相应提高。

结论 8：在制造商与供应商没有结成研发联盟的开放式创新中，当客户成本效率在一定的合理范围内时，供应商愿分担的成本比例越高，制造商愿支付给客户的激励水平越高。当客户成本效率很低时，制造商和供应商都希望对方来承担客户带来的效率损失，以使自身利益不受损。对制造商来说，只有供应商愿分担的成本比例超过一定程度，开放式创新才不会损害制造商的创新收益，制造商才愿意实施开放式创新；但供应商分担的创新成本过高时，供应商的创新收益受损，供应商会退出开放式创新。即当客户成本效率过低时，制造商和供应商都不愿承担客户带来的效率损失，开放式创新协议无法达成。但现实中，客户的成本效率通常高于企业，因此这种情况一般不存在。

第三节　算例分析

假定存在一制造商单位产品利润 p – c = 6（元/个），成本系数 h_1 = 8（元/努力），创新前的产品销量为 a = 1000（个）；其供应商单位产品利润 p′ – c′ = 3（元/个），成本系数 h_3 = 5（元/努力），分担的创新成本比例为 k = 0.2；单位努力提高的产品销量为 b = 4（个/努力）；客户成本系数为 h_2 = 2（元/努力），固定补贴 t = 50（元）。则在各种创新模式下，最优激励水平、各方收益和各方最优努力程度如表 6 - 1 所示。

表6-1　不同创新模式下的努力、激励和收益情况

模式 \ 数据 \ 参数		ω（元/努力）	I_1	I_2	I_3	π_1（元）	π_2（元）	π_3（元）
仅客户参与的半开放式创新		10.29	1.71	5.15	—	6038.35	94.07	—
客户和供应商共同参与的全开放式创新	研发联盟	9.33	3.33	4.67	5.33	6136.07	152.56	3054.06
	不联盟	10.24	1.98	5.12	1.99	6088.01	116.87	3070.56

由表 6 - 1 可以看出，此时制造商选择与供应商结成研发联盟收益最大，而供应商则在不联盟的情况下收益最大。这是因为，此时供应商成本效率明显

优于制造商，供应商的加入可以帮助制造商提高研发效率，从而获得更高的收益。但对供应商来说，与制造商结为研发联盟就要以牺牲自身成本效率和创新收益为代价为制造商的新产品开发做出贡献。最终双方选择何种合作模式取决于双方在供应链中的地位。多数情况下，供应商为保持和制造商的良好关系，提高自身竞争力，即使在牺牲一小部分收益的情况下，也会选择与制造商结为研发联盟。

第四节　本章小结

本章针对客户参与企业新产品开发中的激励问题，考虑各方成本结构、努力程度和产品需求函数等因素，在仅客户参与的半开放式创新和客户、供应商共同参与的全开放式创新两种模式下，分别构建了客户参与新产品开发的激励模型，并考虑制造商与供应商的不同合作形式，分别给出了各创新模式和合作形式下企业的最优激励水平以及各方的最优努力程度，最后通过算例说明了该模型的具体应用。

需要指出的是，本章主要针对客户和一个供应商参与制造商开放式创新的激励水平进行研究，而当客户与多个供应商共同参与到制造商的新产品开发过程中时，激励水平可能会发生改变，尚需进一步研究。

第七章　案例应用与讨论

——MIUI 基于创新社区的开发过程

    互联网的普及和渗透以及社交媒体的迅速发展，使得原本孤立、分散的客户有了可以进行沟通交流的平台——用户创新社区。在创新社区中，客户相互联系在一起，便捷地沟通和获取彼此拥有的信息，他们相互交流使用心得、分享各自的创新成果，其他成员可以对创新成果提出意见和建议，在这种相互交流讨论中完成对创新成果的开发和改进，其中开源软件的开发和完善过程是最典型的成功案例。随着科技的发展，创新活动所需要的资金、技术、设备等资源越来越多，使得单一客户难以独立完成创新活动，创新社区通过对独立客户的集合很好地解决了这一问题。同时，对于企业来说，创新社区相对分散的独立客户来说更加集中和便于管理。因此，将创新社区嵌入企业创新活动中，是客户参与企业新产品开发的有效方式。

    北京小米科技有限责任公司（以下简称小米科技）正式成立于 2010 年 4月，由来自微软、谷歌、金山等公司的顶尖人才组建，是一家致力于新一代智能手机自主研发的创新型科技企业，拥有小米手机、MIUI 和米聊等核心产品。其中 MIUI 是一款基于 Android 进行深度定制的手机操作系统，自 2010 年 8 月6 日正式发布至今，MIUI 的用户数量已破亿，MIUI 乃至小米科技的巨大成功在很大程度上得益于其基于用户创新社区的互联网开发模式。因此，本章基于对开放式创新、用户创新、创新社区和创新模式的深度理解，考虑网络环境下企业创新与用户创新的新特征，以小米科技为典型成功实例，探讨网络环境下，企业在产品开发不同阶段，对创新模式和客户参与策略的决策，并对企业纳入客户参与新产品开发的具体实施和应用过程进行详尽阐述。

本章的主要数据来源包括针对小米科技特别是 MIUI 的开发过程所收集的一手和二手资料。其中二手资料主要包括期刊、杂志、报纸等公开出版物，小米高管的采访视频和文章以及小米高管的个人微博等；一手资料主要来源于对小米社区的长期观察和与社区中部分用户的交流。

第一节　实施背景

小米科技基于互联网思维，构建了独特的 CBMCE 商业模式[139]（见图 7 - 1）。其中，CBMCE 是指建立创新社区（Community）→通过创新社区进行产品测试（Beta）→大规模生产或推广（Mass Production）→联结（Connection）→扩展（Extension）这一完整的互联网商业路径。各阶段的具体目标和措施如表 7 - 1 所示。

从表 7 - 1 中可以看出，小米模式与传统制造业最大的不同就是，对于传统制造业企业而言，产品售出即意味着营销结束，企业只在每一台售出的设备上获取利润。在小米模式中，在硬件设备售出后，营销不但没有结束，反而才刚刚开始。在后续的联结和扩展阶段，小米通过软件将硬件设备联结起来，即使硬件设备不盈利或少盈利，也可以通过之后的服务和衍生产品获利。MIUI

作为实现小米硬件产品联结和扩展的工具，在小米公司的整个商业系统中具有举足轻重的地位。

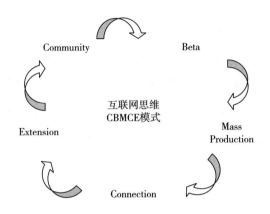

图 7 - 1　小米科技 CBMCE 商业模式

表 7 - 1　CBMCE 模式各阶段目标和措施

阶段	目标和措施
Community	建立创新社区，根据产品定位，锁定用户圈，逐步吸引用户。在社区用户扩展阶段，领先用户起到意见领袖和信任代理人的作用
Beta	根据社区用户的需求设计产品，并将产品投入社区中进行测试。对于小米手机而言，这一步就是预售工程机，让社区用户参与测试。除了意见反馈外，参与测试的用户还担负着口碑营销的职责，通过他们在社交媒体上的使用分享，对产品进行推广
Mass Production	这一阶段需要对测试和改进后的最终产品进行大批量生产和销售。对小米手机而言，这一阶段主要包括产品发布会、新产品社会化营销与线下渠道发售
Connection	按照互联网思维，小米手机在售出了大规模的产品以后，营销没有结束，而是刚刚开始，这时候需要用一个体系，把售出的这些产品联结起来，让这些产品以及背后的人变成一个社群或者体系。硬件可以不挣钱，甚至可以免费，但通过把硬件联结起来，完全可以通过后续的服务和衍生产品赚钱，实现联结的工具就是软件——MIUI 系统
Extension	软件的升级和更新，服务内容的扩展和个性化需求的满足。对于小米手机而言，通过 MIUI 进行扩展的成本几乎为零

MIUI 是小米科技旗下基于 Android 系统深度优化、定制、开发的第三方手机操作系统，能够带给国内用户更为贴心的 Android 智能手机体验。从 2010 年 8 月 16 日首个内测版发布至今，MIUI 已被翻译为 20 多种语言，拥有来自国内外的大量忠实用户，形成了"MIUI 发烧现象"。MIUI 开发者从中国消费者的使用习惯出发，对电话和短信功能进行了深度优化，努力为用户提供智能手机中最简便快捷的电话及短信使用体验，同时将用户意见和建议融合到手机功能的开发当中。MIUI 利用其全球最大的主题库和解锁方式构建了上千种搭配组合，使用户可以为自己量身设置各式各样的主题界面及各种各样的平面操作特效，将服务深化至添加桌面工具方式的多样性以及编辑方式的独创性设计，还对传统的手机基本功能进行创新，如电话本扩展、通话录音、批量添加联系人和短信超快群发等。

小米科技为 MIUI 用户建立了 MIUI 社区，MIUI 研发团队通过社区与用户进行直接沟通。在社区中用户不仅可以针对使用过程中遇到的问题对产品提出相应的改进建议，还可以针对问题提出解决方案，直接参与到产品创新中。小米社区也十分重视与顾客的交流沟通，不管客户在 MIUI 开发板块中以何种方式参与，都会得到 MIUI 开发组的回应，并将问题解决的进度标记在帖子的名称上，论坛中有"处理中""已解决""待讨论""已答复""已收录""请补充"等几个处理状态，这样不仅激励了用户参与服务创新行为，改进了产品的性能，更增强了用户的参与感，提升了用户的满足感、成就感和满意感。MIUI 研发团队通过社区及时获取用户的反馈信息，并对用户的疑问做到有问必答。同时，也会定期举办较大规模的线下活动，与用户面对面进行深度交流。研发团队会不断根据用户反馈信息对产品进行改进，于每周五定时发布更新，使产品能够最大程度满足用户需求。

第二节 实施基础

作为一家移动互联网科技公司，小米科技在实施基于创新社区的新产品开发的技术工具上具备先天优势。小米科技为 MIUI 客户建立了专属的 MIUI 社区，MIUI 研发团队通过社区与客户进行直接沟通。在社区中客户不仅可以针对使用过程中遇到的问题对产品提出相应的改进建议，还可以直接给出解决方案。MIUI 研发团队通过社区及时获取客户的反馈信息，并对客户的疑问做到有问必答。同时，也会定期举办较大规模的线下活动，与客户面对面进行深度交流。小米科技以互联网为依托，采用了基于创新社区的新产品开发方法，以极低的成本实现了客户贯穿新产品开发全过程，提升了产品竞争力和客户满意度，培养了一大批忠实客户。基于创新社区的新产品开发方法的实施需要一定的硬件和软件基础，小米科技为此做了充足的准备工作，具体如下：

一、组织机制与管理风格

在组织机制上，小米科技给予员工充分的自主性，在小米团队中，没有严格的员工等级制度，也没有冗长繁琐的会议和规章，每一位员工都在平等、自主的伙伴式氛围中进行工作。小米的组织结构非常扁平化，组织架构基本上只有三级：七位核心创始人、部门领导、员工，而且不会让团队太大，稍微大一点时就会拆分成小团队，便于团队成员沟通和保持团队灵活性。同时，小米科技强调员工责任感，尽管全员 6×12 小时工作的制度坚持了近三年，但却从未实行过打卡制度，也没有实施公司范围内的 KPI 考核制度，给予员工充分的信任和自主性。

二、创新社区

用户创新社区是基于社区的新产品开发的基础架构。创新社区可以是由用户自发形成的，或者是第三方建立的，也可以是由企业专门设立的，在企业设立的社区中企业可以拥有较大的控制权，更有利于企业对用户知识的管理。企业对创新社区的构建包括两方面：①基础设施建设，包括硬件和软件两方面。硬件方面需要社区程序的网络空间，一般来讲是支持一种特殊脚本语言或数据库的服务器空间；软件方面需要建立社区程序，其中国外和国内有许多优秀的开放源代码的论坛程序，如国内的动网和雷奥等。②规章制度的建立和完善，包括社区主题、用户范围、交流与反馈机制等。

小米科技在成立之初就为旗下每个产品分别设立了专属社区，由公司负责社区硬件的建立和维护。公司有专门工作人员负责社区的日常管理，产品研发人员也被要求每天登录社区网站与用户进行交流和沟通。为了吸引和留住社区用户，公司建立了多种制度：在社区中为用户提供丰富的资源，例如，程序更新、刷机教程、手机主题等；不定期开展有趣的线上活动，如"小米故事""随时拍""两周年祝福征集"等；定期举办线下活动，邀请社区用户参加。同时，用户通过在社区中为其他用户答疑解惑、提供解决方案也可以获得归属感、成就感等精神激励。

三、信息技术

信息技术是基于创新社区的新产品开发存在的基础。在信息时代，信息基础设施的重要性正逐步超越物质基础设施。在企业基于创新社区的新产品开发过程中，需要的信息技术主要包括：企业和社区内外部的信息处理工具、知识结构化工具、分析工具、信息和网络内容管理工具等。信息技术通过对知识创新基本过程的支撑和保障，促进企业与创新社区的协同合作，提高知识创新的效率。小米科技作为一家致力于移动互联网的高科技型企业，拥有数量庞大的信息技术专业人才，是其能够成功实施基于创新社区的新产品开发过程的有力保障和关键要素。

四、知识管理

知识管理是知识创新的前提条件，也是将知识创新成果转化为现实生产力的桥梁，因此知识管理是新产品开发过程中不可或缺的手段。知识管理的主要侧重点是将企业和社区中的隐性知识显性化和编码化，将个人知识转化为企业的结构性知识，从而增加企业和社区的知识积累。

为了获得创新社区中的知识，并将其内化为公司内部知识，小米公司安排专人在社区中搜索信息，将用户非结构化的需求表达进行结构化，为公司新产品开发提供依据；在进行需求调查时，直接在社区中采用投票、选择等方式，直接获取结构化的需求信息；由于隐性知识的学习往往需要通过人与人接触的潜移默化中达成，小米科技会定期举办线下活动，邀请社区成员与公司研发人员进行面对面的交流，以便获取用户隐性知识。

第三节　基于创新社区的 MIUI 开发过程

MIUI 是典型的客户参与开发的产品，MIUI 的价值创造过程可以分为两个阶段——MIUI 系统的开发和基于 MIUI 平台的在线定制。小米科技以互联网为依托，在两个阶段分别采用了不同的创新模式。在 MIUI 系统的开发阶段，采用了基于创新社区的客户协同创新模式，与客户共同完成定制平台的开发；在基于 MIUI 平台的在线定制阶段，采用了基于创新社区的用户创新模式，为客户提供创新工具（创新工具箱）和创新场所（创新社区），由客户自行完成应用程序的开发。

一、MIUI 系统的开发——基于创新社区的客户协同创新

为实现 MIUI 系统基于创新社区的客户协同创新模式，小米选择了每周五固定发布更新，即每 7 天与客户进行交流并返工的客户参与策略。在每个产品开发阶段小米科技采取的主要措施包括（见图 7-2）：

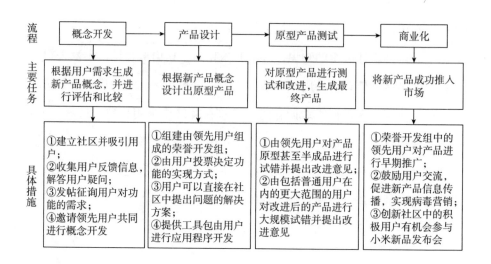

图 7-2　基于创新社区客户参与 MIUI 开发过程

1. 概念开发

准确收集和获取客户需求信息是新产品概念开发阶段的首要任务，而需求信息的转移离不开企业与客户间密切而频繁的交流。因此，MIUI 研发团队规定所有研发人员必须按照分工每天出现在 MIUI 社区的各个板块，与社区用户进行密切交流，解答客户疑问、收集客户需求信息和反馈意见，从制度上保证了研发人员对市场需求的敏感性。同时，小米科技还会定期举办线下活动，邀请社区中的领先用户与 MIUI 研发人员进行面对面的深度交流，深入了解客户需求。

"小米手机，为发烧而生"——正如小米手机的广告词所说，小米手机将核心用户定位于发烧友，而发烧友通常也是领先用户，他们具备专业知识和创新能力，愿意体验和参与新产品开发，并且具有领先的产品需求。因此，小米科技在概念开发阶段充分考虑领先用户的价值和参与感，让他们成为共同创造者[140]。领先用户在概念开发阶段的价值主要体现在：①领先用户具有超前的产品需求，能够帮助企业把握市场趋势；②领先用户能够清晰地描述自己的需求，这是普通用户难以做到的；③领先用户甚至可以在创新社区中独立完成概念开发，向企业提供成熟的产品概念。

2. 产品设计

产品设计阶段的主要工作任务是将产品概念转化为具体的产品性能和参数指标。小米科技在产品设计阶段充分利用了客户的创新能力，通过多种方式让客户全面参与到企业产品设计过程中。首先，小米科技挑选出创新社区中的领先用户组成了百人规模的荣誉开发组，参与到 MIUI 研发团队中，与企业研发人员共同完成产品设计。其次，在产品设计过程中，MIUI 研发团队会随时在社区中征询客户的意见，当同一功能具有多个实现方式时，他们会在社区发起投票，由客户做出选择。MIUI 开发过程中大到新功能开发的优先级，小到系统的默认铃声，都是由客户投票产生的。为此，小米公司还专门设置了"爆米花奖"，由客户对 MIUI 本周的更新项目进行投票，下一周的周二小米科技会根据投票结果对员工进行奖励，由客户直接决定员工的奖励，这样就确保了产品的设计导向不是来自程序员或领导的个人偏好，而是客户的反馈。最后，MIUI 团队还为客户提供了创新工具包，客户可以根据自己的意愿独立进行应用程序的开发，避免了需求信息与技术信息在企业与客户间不断转移的过程，充分实现了客户的个性化定制。

3. 原型产品测试

在传统的软件开发模式下，产品测试要花费数月甚至数年的时间，没有测试完的产品是不能推出的，只有"完美"的产品才可以发布给客户。MIUI 采用的是"敏捷开发"模式，认为产品推出时都是"不完美"的，所以才更要让产品尽快接触客户，以此来发现客户真实的产品诉求，对产品进行改良和完善。

基于这种思想，在原型产品测试阶段，MIUI 研发团队以创新社区中庞大的客户数量为基础，将刚刚开发完成的功能甚至是半成品交给社区领先用户进行试用，在实际使用中快速发现错误和不足，改进后再继续交给普通用户进行更大规模的试错，继续发现问题，如此反复。这种测试方法可以帮助企业快速发现产品不足和获得客户反馈，成本极低，而效率却很高。研发团队会不断根据客户反馈信息对产品进行改进，于每周五定时发布更新，使产品能够最大程度地满足客户需求。

为了控制"敏捷开发"模式下快速迭代过程中产品的"不完美"带来的风险，MIUI 采取了"灰度升级"的方法，即先向极少数的领先用户发布更新，让他们进行产品升级，然后根据他们的使用反馈，在确保产品没有重大瑕疵后，再分层次逐步将产品推广至其他客户。具体实施过程是：将 MIUI 分为体验版、开发版和稳定版，根据客户对新产品的接受程度逐步开放。体验版每天发布，适合高度发烧友，采用邀请制，仅向荣誉测试组客户开放；体验版经过测试和改进，形成开发版，适合普通手机爱好者使用，每周向开放组客户发布；经过进一步改进，最终形成适合大众用户的稳定版，每月向全体客户发布。同时，小米也会让客户知道自己所属的层次，以此激励他们积极参与社区活动和产品测试。

4. 商业化

小米科技无论是 MIUI 还是小米手机乃至其他各项产品的营销费用都极低，

这是因为在产品商业化过程中，小米科技充分利用了网络特别是创新社区的传播特性，注重客户的反应和评价，将创新社区作为口碑传播的加速器，让客户成为产品推广中的重要一环，通过病毒式营销快速传播新产品信息。活跃的客户分享行为是实现这种营销方式的基础，因此 MIUI 研发团队采取了多种措施鼓励客户积极参与社区交流。例如，小米科技的每一场新品发布会都是经过精心设计和布置的，充满仪式感和惊喜感，对于小米客户具有巨大的吸引力，只有在社区中获得足够积分的客户才有资格购买发布会门票，而社区积分是需要通过在社区中参与交流和分享获得的。通过客户间频繁的交流沟通，与新产品相关的信息从领先用户和早期采纳者扩散到普通用户，普通用户对新产品的认识得到提高，从而增加了普通用户采纳新产品的可能性，最终达到新产品早期推广的目的。

二、基于 MIUI 平台的在线定制——基于创新社区的用户创新

MIUI 系统为客户在线定制搭建了平台，系统开发完成后，还需要由客户完成基于 MIUI 平台的在线定制才能实现产品价值。MIUI 是基于 Android 系统的深度定制，因此 Android 的应用程序和创新工具包也都适用于 MIUI 系统，小米科技还为小米手机搭建了专属的应用商城——"小米应用商店"，构成了"小米手机 + MIUI + 创新工具包 + 应用商店"的完整客户参与创新生态系统。小米手机出厂时预置的程序极少，只有电话、短信、通讯录、电子邮件等最基本的功能。客户在购买手机后可以根据自身需要，利用创新工具包，为自己开发应用程序，也可以直接在应用商店中选购自己喜欢的应用，客户只需进行很简单的操作就可以完成手机功能的个性化定制过程。客户通过开发或选购应用程序，实现了手机功能的个性化定制。

在基于 MIUI 平台的在线定制阶段，几乎没有小米公司的参与，由客户利用创新工具包，自行进行应用程序的开发。为了鼓励客户进行创新，小米科技

的技术人员会在创新社区中普及程序开发知识、解答开发疑问，为客户提供技术支持。客户通过开发应用程序并将其公布在创新社区中，可以获得成就感、荣誉感等精神回报。如果将应用程序在"小米应用商店"中进行出售，还可以获得销售收入、广告收入等物质回报，显著提高了客户参与的积极性，也为客户提供了创业机会。

第四节　激励措施

基于创新社区的新产品开发过程离不开用户的积极参与，用户间互动的数量和质量会影响创新的效率和效果。因此，为了激励社区成员积极参与社区活动、为社区不断贡献内容，创新社区的运营商会采取各种奖励或激励措施，如社区等级或声誉制度，甚至一部分公司社区会给予用户金钱奖励[141]。在创新社区环境下，对用户的激励措施可以分为两类：一是金钱补偿或准货币补偿，如有些社区会推出自己社区的虚拟货币，在社区内参加规定的活动或发布指定的信息就可以获得虚拟币，虚拟币积累到一定数额时可以转化为实际购买或交换产品和服务；二是非货币奖励措施，例如，身份和等级制度等，更偏向于社会利益而非货币补偿。

小米科技对创新社区用户采取的激励措施也包括货币激励和非货币激励两部分。其中，货币激励中的金钱并非直接来自于小米科技，而是来自于小米手机用户。具体来说，创新用户可以将自己开发的 App 在小米应用商店中出售，所获得的销售收入和在 App 中植入广告的收入就是给予创新用户的货币激励。

小米科技对社区用户的非货币激励措施包含很多方面，主要包括：①积分制度。在小米社区中发帖、回帖都会有积分奖励，用户发布一些有价值的软件的时候也可以设置积分下载来获取积分。②用户等级制度。在小米社区中，对有突出贡献的用户可以进行 VIP 认证，VIP 的认证标准包含四个方面：贡献值、点亮图标数、原创发帖数和精华帖数。拥有 VIP 认证的用户可以享受到免费领取小米产品、优先购买小米新品发布会门票和参与小米产品内测等特权。③举办各种线上线下活动。开展有趣的线上活动，如"小米故事""随时拍""两周年祝福征集"等；定期举办线下活动，邀请社区用户参加，与用户进行深度交流。④设置活动参与门槛。小米科技的很多活动规定只有社区等级和积分达到一定等级的用户才能够参与，如参加新品发布会、购买工程机等。⑤要求相关研发人员必须每天出现在社区中的相应板块，与用户进行交流，为用户答疑解惑。⑥邀请优秀用户参与产品开发，组成荣誉开发组，让用户感受到荣誉感。

第五节　本章小结

　　创新社区中聚集着大量的现有或潜在客户，他们集中且具有创新精神，而且以互联网为沟通媒介也最大限度降低了沟通成本、提高了沟通效率，因此基于创新社区的产品创新模式是简单易行、低价高效的客户参与企业创新的方式。本章以小米科技 MIUI 系统的开发为实例，探讨网络环境下不同阶段中创新模式选择问题，指出了基于创新社区的新产品开发各阶段的核心任务和重点工作，详细说明了基于创新社区的产品创新流程的具体应用，为我国企业从客户参与创新的角度提高创新水平和核心竞争力提供了一个参考。

第八章 结论和展望

第一节 主要结论

本书在已有研究的基础上，考虑网络时代特征，提出了基于创新社区的客户参与新产品开发流程，并研究了该流程下的企业创新模式选择、客户参与策略和客户激励机制，将客户的作用延伸到了包括产品早期推广在内的新产品开发全过程，主要内容和结论总结如下：

（1）基于创新社区的新产品开发流程研究。首先描述了创新社区中的知识获取和知识创新过程，阐述了"用户守门员"的概念与内涵。在此基础上，提出了基于创新社区的新产品开发流程，介绍了在新产品开发各阶段创新社区的主要作用，并详尽阐述了该流程的具体实施方法。研究表明，创新社区的作用应贯穿从概念开发到商业化的新产品开发全过程，对创新社区的利用有利于降低研发风险、提高研发效率。

（2）客户参与新产品开发的创新模式选择研究。首先基于价值链的视角，定性分析了封闭式创新模式、客户协同创新模式和用户创新模式这三种客户参与程度由低到高的创新模式对企业竞争力的影响，指出了各创新模式适用的企业类型；然后构建了一个基于企业和客户双方的创新模型，分析了各创新模式下，企业、客户与社会福利的变化情况。研究表明，客户参与企业创新活动可以提高企业、客户和社会福利水平，而具体是客户协同创新模式还是用户创新模式能更高程度地提高福利水平，则取决于企业—客户间的沟通成本以及创新的制造成本之间的比例关系。

（3）客户参与新产品开发最优策略研究。提出网络环境下客户作用应延伸到包含产品早期推广的新产品开发全过程。从创新活动创新度、客户知识对创新活动的重要度和客户领先程度入手，构建了客户知识累积函数和企业设计返工函数，建立了客户参与企业产品创新和扩散的数学模型，构造了考虑创新成本和市场偏好的企业收益函数，以企业利润最大化为目标，得出了企业将客户纳入其新产品开发活动的最优客户参与时间和最优交流次数，指出了客户参与策略的判定条件。

（4）客户参与新产品开发的激励模型研究。在供应商是否参与企业新产品开发的两种情景下，考虑努力度、成本效率和市场需求等因素，构建了客户参与企业新产品开发的激励模型，以企业收益最大化为目标，给出了企业对客户的最优激励策略。

第二节　研究展望

本书针对网络环境的特点，将客户作用扩展至包含产品早期推广的新产品开发全过程，研究了客户参与模式、参与策略和激励水平，但还存在一些不足需要改进：

（1）书中对创新社区知识获取和知识创新过程的研究还处于概念模型阶段，并未进行实证研究，其作用机理和作用过程还有待进一步进行实证验证。

（2）书中构建企业创新模型选择时，仅考虑了与客户参与直接相关的要素引起的需求函数的变动，实践中会引起需求函数变化的变量还有很多，有待进一步考证。同时，本模型是建立在企业与客户能够有效合作的假设之上的，实践中由于双方的创新动机、风险偏好和知识背景等不同，在合作中可能会产生各种冲突和矛盾，此时企业的创新决策和创新模式选择可能会发生改变，值得进行研究。但在本书中如果同时考虑这些因素，会使模型变得过于复杂，不利于模型求解和分析，因此这一问题有待在今后的科研工作中进行进一步补充和完善。

（3）书中对最优客户参与策略的研究只考虑了客户单独参与到企业产品创新过程中的情景，而现实中很多企业会将供应商、科研机构、高校等创新主体也纳入产品创新过程中，此时就会面临多个活动及耦合活动集的重叠问题，各方的参与策略也会随之发生改变。多方参与的开放式创新模式下，各方的最优参与策略问题尚有待进一步研究。同时，参与模型中没有考虑设计返工的学习效应，可以在本书的基础上做进一步研究。

（4）书中对激励模型的探讨主要针对客户和一个供应商参与制造商开放式创新的情境，而当客户与多个供应商共同参与到制造商的新产品开发过程中时，激励水平可能会发生改变，尚需进一步研究。

另外，在线环境下客户参与新产品开发的动机和行为会发生改变，这对客户与企业间的合作效率和合作方式以及客户需求会有怎样的影响？由于客户与企业的知识背景、风险偏好等的不同，在创新过程中可能会发生各种矛盾和冲突，如何协调合作过程中企业—客户和客户—客户间的关系？如何规避合作风险？物质产品和信息产品的产品开发和推广过程都有所不同，那么在客户参与新产品开发的模式和策略上是否也有所不同？上述问题都需要进一步的研究，笔者愿在未来的学习和研究工作中继续这方面的探索。

参考文献

［1］ Castells M. The rise of the network society ［M］. Cambridge, MA: Blackwell, 1996.

［2］ 宋刚, 张楠. 创新 2.0: 知识社会环境下的创新民主化 ［J］. 中国软科学, 2009 (10): 60 - 66.

［3］ Song G., Comford T. Mobile Government: Towards a service paradigm ［C］. Proceedings of the 2nd International Conference on E – Government, Pittsburgh: University of Pittsburgh, USA. 2006, 208 - 218.

［4］ Von Hippel E, Susumu O. Jong D. The age of the consumer – innovator ［J］. MIT Sloan Management Review, 2011, 53 (1): 27 - 35.

［5］ Von Hippel E. Lead users: A source of novel product concepts ［J］. Management Science, 1986, 32 (7): 791 - 805.

［6］ 张利斌, 张广霞. 基于双边市场理论的苹果 App Store 模式研究［J］. 计算机工程与科学, 2012, 34 (4): 188 - 192.

［7］ 司春林, 孙鲁峰, 赵明剑. 创新流程与创新模式 ［J］. 研究与发展管理, 2003, 15 (3): 22 - 26.

［8］ Von Hippel E. The dominant role of users in the scientific instrument innovation process ［J］. Research Policy, 1976, 5 (3)：212 –239.

［9］吴贵生, 谢伟. 用户创新概念及其运行机制 ［J］. 科研管理, 1996 (5)：14 –19.

［10］Schumpeter J A. Capitalism, socialism and democracy ［M］. London：Routledge, 2013.

［11］杨波. 大规模定制产品开发中的领先用户识别与参与行为研究 ［D］. 重庆：重庆大学, 2011.

［12］Gurgul G, Rumyantseva M, Enkel E, et al. Customer Integration – Establish a constant bilateral knowledge flow ［M］. St. Gallen：Institute of Management, University of St. Gallen (HSG), 2002.

［13］何建民, 常传武, 刘业政. 客户网上参与产品开发的 "动机—行为" 模型研究 ［J］. 中国管理科学, 2011, 19 (5)：173 –181.

［14］许军, 梅姝娥. 虚拟顾客共同创造影响因素的实证研究 ［J］. 管理学报, 2014, 11 (12)：1841 –1849.

［15］秦敏, 乔晗, 陈良煌. 基于 CAS 理论的企业开放式创新社区在线用户贡献行为研究：以国内知名企业社区为例 ［J］. 管理评论, 2015, 27 (1)：126.

［16］Lee, K. R. The role of user firms in the innovation of machine tools：The Japanese case ［J］. Research Policy, 1996 (25)：491 – 507.

［17］Lüthje, C. Customer as co – inventors：An empirical analysis of the antecedents of customer – driven innovations in the field of medical equipment ［C］. Glasgow：Proceedings of the 32nd Annual Conference of the European Marketing Academy, 2003.

［18］Hienerth C. The commercialization of user innovations：The development of the rodeo kayak industry ［J］. R&D Management, 2006, 36 (3)：273 –294.

[19] Hienerth C, von Hippel E, Jensen M B. User community vs. producer innovation development efficiency: A first empirical study [J]. Research Policy, 2014, 43 (1): 190 – 201.

[20] 戴凌燕, 陈劲. 产品创新的新范式: 用户创新 [J]. 经济管理, 2003 (12): 16 – 20.

[21] 郑彤彤, 谢科范. 用户创新行为的演化博弈分析 [J]. 工业工程, 2014, 17 (3): 6 – 12.

[22] Von Hippel E. "Sticky information" and the locus of problem solving: Implications for innovation [J]. Management science, 1994, 40 (4): 429 – 439.

[23] 叶兴波, 刘景江, 魏梅. 粘着信息与用户创新工具箱: 一个研究综述 [J]. 科研管理, 2004, 25 (3): 100 – 105.

[24] 王毅, 吴贵生. 产学研合作中粘滞知识的成因与转移机制研究 [J]. 科研管理, 2001, 22 (6): 114 – 121.

[25] 刘芹, 陈继祥. 粘滞知识形成的影响因素及对策研究 [J]. 情报科学, 2007 (5): 90 – 93.

[26] 闫俊周. 分布式创新的知识粘性形成机理及削弱对策研究 [J]. 科技进步与对策, 2012, 29 (23): 141 – 145.

[27] 杨栩, 肖薇, 廖姗. 知识转移渠道对知识转移的作用机制——知识粘性前因的中介作用和治理机制的调节作用 [J]. 管理评论, 2014, 26 (9): 89 – 99.

[28] Von Hippel E. The mechanics of learning by doing: Problem discovery during process machine use [J]. Technology and Culture, 1996, 37 (2): 312 – 329.

[29] Von Hippel E. Task partitioning: An innovation process variable [J]. Research Policy, 1990, 19 (5): 407 – 418.

[30] Von Hippel E. User toolkits for innovation [J]. Journal of product inno-

vation management, 2001, 18 (4): 247 - 257.

[31] Von Hippel E, Katz R. Shifting innovation to users via toolkits [J]. Management Science, 2002, 48 (7): 821 - 833.

[32] Franke N, Hader C. Mass or only "niche customization"? Why we should interpret configuration toolkits as learning instruments [J]. Journal of Product Innovation Management, 2014, 31 (6): 1214 - 1234.

[33] Thompke S, Von Hippel E. Customers as innovators [J]. Harvard Business Review, 2002, 80 (4): 74 - 81.

[34] Agrawal M, Kumaresh T V, Mercer G A. The false promise of mass customization [J]. The McKinsey Quarterly, 2001, 38 (3): 62 - 71.

[35] Zipkin P. Mass customization [J]. MIT Sloan Management Review, 2001, 42 (3): 81 - 87.

[36] Schulz K P, Geithner S, Woelfel C, et al. Toolkit - Based modelling and serious play as means to foster creativity in innovation processes [J]. Creativity and Innovation Management, 2015, 24 (2): 323 - 340.

[37] 孙艳, 刘肖健, 王万良. 基于信息空间的用户创新机制及用户创新工具箱的开发研究 [J]. 研究与发展管理, 2015, 27 (3): 94 - 104.

[38] Ozer M. The roles of product lead - users and product experts in new product evaluation [J]. Research Policy, 2009 (38): 1340 - 1349.

[39] Morrison P D, Roberts J H, Midgley D F. The nature of lead users and measurement of leading edge status [J]. Research Policy, 2004, 33 (2): 351 - 362.

[40] Lettl C., Herstatt C.. Gemuenden H. G., Users' contributions to radical innovation: Evidence from four cases in the field of medical equipment technology [J]. R&D Management, 2006, 36 (3): 251 - 272.

[41] 陈劲, 童亮, 徐忠辉. 移动电话业创新源和领先用户研究 [J]. 科

研管理，2003（3）：25－31.

[42] 陈劲，龚焱. 技术创新信息源新探：领先用户研究 [J]. 中国软科学，2001（1）：86－88.

[43] 何国正. 基于领先用户的顾客参与新产品研发研究 [D]. 武汉：华中科技大学，2008.

[44] Morrison P D, Roberts J H, Von Hippel E. Determinants of user innovation and innovation sharing in a local market [J]. Management Science, 2000, 46 (12)：1513－1527.

[45] 徐岚. 顾客为什么参与创造？ [J]. 心理学报，2007，39（2）：343－354.

[46] 杨波，刘伟. 领先用户在线参与新产品开发的动机研究 [J]. 预测，2011，30（2）：66－70.

[47] Lengnick－Hall C A. Customer contributions to quality：A different view of the customer－oriented firm [J]. Academy of Management Review, 1996, 21 (3)：791－824.

[48] 常静，杨建梅. 百度百科用户参与行为与参与动机关系的实证研究 [J]. 科学学研究，2009，27（8）：1213－1218.

[49] Teece D J. Technology transfer by multinational firms：The resource cost of transferring technological know－how [J]. The Economic Journal, 1977：242－261.

[50] Dabholkar P A. Consumer evaluations of new technology－based self－service options：An investigation of alternative models of service quality [J]. International Journal of research in Marketing, 1996, 13 (1)：29－51.

[51] Churchill J, Von Hippel E, Sonnack M. Lead user project handbook [M]. Cambridge, Mass. , USA：MIT Press, 2009：162.

[52] 杨波，刘伟. 结合问卷判断的串行金字塔法 [J]. 计算机集成制造

系统，2011，17（9）：2061 – 2069.

［53］何国正，陈荣秋. 消费品行业领先用户识别方法研究［J］. 统计与决策，2009（4）：15 – 17.

［54］杨波，刘伟. 基于应用扩展和网络论坛的领先用户识别方法研究［J］. 管理学报，2011，8（9）：1353 – 1358.

［55］Gruner K E，Homburg C. Does customer interaction enhance new product success？［J］. Journal of Business Research，2000，49（1）：1 – 14.

［56］Kristensson P，Gustafsson A，Archer T. Harnessing the creative potential among users［J］. Journal of Product Innovation Management，2004，21（1）：4 – 14.

［57］Cui A S，Wu F. Utilizing customer knowledge in innovation：Antecedents and impact of customer involvement on new product performance［J］. Journal of the Academy of Marketing Science，2015（3）：1 – 23.

［58］曹颖，张米尔. 用户参与对软件产品创新绩效影响的实证研究［J］. 技术经济，2014，33（5）：1 – 8.

［59］李霞，郭要梅，宋维维. 用户参与产品开发对技术创新绩效的影响因素实证研究［J］. 北京邮电大学学报（社会科学版），2011（6）：77 – 83.

［60］杨依依，陈荣秋. 从封闭创新到开放创新——顾客角色，价值及管理对策［J］. 科学学与科学技术管理，2008，29（3）：115 – 119.

［61］Tidd J，Bessant J，Pavitt K，et al. Managing innovation：Integrating technological，market and organizational change［J］. International Journal Entrepreneurship and Innovation，1998，18（5）：369 – 370.

［62］Thomas A S，Simerly R L. Internal determinants of corporate social performance：The role of top managers［J］. Academy of Management Annual Meeting，1995（1）：411 – 415.

［63］Kambil A，Friesen G B，Sundaram A. Co – creation：A new source of value［J］. Outlook Magazine, 1999, 3（2）: 23 – 29.

［64］Nambisan S. Designing virtual customer environments for new product development: Toward a theory［J］. Academy of Management Review, 2002, 27（3）: 392 – 413.

［65］Gruner K E, Homburg C. Does customer interaction enhance new product success?［J］. Journal of Business Research, 2000, 49（1）: 1 – 14.

［66］Kaulio M A. Customer, consumer and user involvement in product development: A framework and a review of selected methods［J］. Total Quality Management, 1998, 9（1）: 141 – 149.

［67］Schweitzer F. Integrating customers at the front end of innovation［M］. Berlin: Springer International Publishing, 2014: 31 – 48.

［68］Elofson G, Robinson W N. Collective customer collaboration impacts on supply – chain performance［J］. International Journal of Production Research, 2007, 45（11）: 2567 – 2594.

［69］杨育, 郭波, 尹胜等. 客户协同创新的内涵与概念框架及其应用研究［J］. 计算机集成制造系统, 2008, 14（5）: 944 – 950.

［70］张雪, 张庆普. 客户协同创新协议达成的合作博弈研究［J］. 哈尔滨工程大学学报, 2011, 32（5）: 672 – 677.

［71］张雪, 张庆普. 知识创造视角下客户协同产品创新投入产出研究［J］. 科研管理, 2012, 33（2）: 122 – 129.

［72］朱俊, 陈荣秋. 顾客参与产品创新的时机与方法［J］. 武汉理工大学学报（信息与管理工程版）, 2007, 29（8）: 33 – 37.

［73］高鹏斌, 何中兵. 新产品开发中的用户参与及其风险防范［J］. 商场现代化, 2007（12）: 50.

［74］Afuah A. Redefining firm boundaries in the face of the internet: Are firms really shrinking? [J]. Academy of Management Review, 2003, 28 (1): 34 – 53.

[75] Steuer J. Defining virtual reality: Dimensions determining telepresence [J]. Journal of Communication, 1992, 42 (4): 73 – 93.

[76] Howard R. The virtual community: Homesteading on the electronic frontier [M]. MIT: Addison Wesley, 1993

[77] Armstrong A, Hagel J. The real value of online communities [J]. Harvard Business Review, 1996 (23): 134 – 141.

[78] Tapscott D, Lowy A, Ticoll D, et al. Blueprint to the digital economy: Creating wealth in the era of e – business [J]. Computer, 1998 (9): 101.

[79] 徐小龙, 王方华. 虚拟社区研究前沿探析 [J]. 外国经济与管理, 2007, 29 (9): 10 – 16.

[80] Von Hippel E, Krogh G. Open source software and the "private – collective" innovation model: Issues for organization Science [J]. Organization Science, 2003, 14 (2): 209 – 223.

[81] Von Hippel E. Learning from open – source software [J]. MIT Sloan Management Review, 2001, 42 (4): 82 – 86.

[82] Fichter K. Innovation communities: The role of networks of promotors in open innovation [J]. r&d Management, 2009, 39 (4): 357 – 371.

[83] Jeppesen L B. User toolkits for Innovation: User support each other [J]. Journal of Product Innovation Management, 2005, 22 (4): 347 – 362.

[84] Franke N, Shah S. How communities support innovative activities [Z]. Sloan Working Paper, 2001.

[85] 詹湘东. 基于用户创新社区的开放式创新研究 [J]. 中国科技论坛, 2013, 1 (8): 34 – 39.

[86] 鲁若愚, 朱卫杰. 多主体参与的创新社区绩效仿真研究 [J]. 科技

进步与对策，2013，30（21）：6-10.

　　[87] 王莉，任浩. 虚拟创新社区中消费者互动和群体创造力——知识共享的中介作用研究 [J]. 科学学研究，2013，31（5）：702-710.

　　[88] Mahr D, Lievens A. Virtual lead user communities: Drivers of knowledge creation for innovation [J]. Research Policy, 2012, 41（1）: 167-177.

　　[89] Harhoff D, Henkel J, Von Hippel E. Profiting from voluntary information spillovers: How users benefit by freely revealing their innovations [J]. Research Policy, 2003, 32（10）: 1753-1769.

　　[90] Von Hippel E. Democratizing innovation [M]. Massachusetts: MIT Press, 2005.

　　[91] Füller J, Matzler K. Virtual product experience and customer participation—A chance for customer-centred, really new products [J]. Technovation, 2007, 27（6）: 378-387.

　　[92] Maclaran P, Catterall M. Researching the social web: Marketing information from virtual communities [J]. Marketing Intelligence & Planning, 2002, 20（6）: 319-326.

　　[93] 夏恩君，张明，朱怀佳. 开放式创新社区网络的系统动力学模型 [J]. 科技进步与对策，2013，30（8）：14-19.

　　[94] Edquist C. Systems of innovation: Technologies, institutions, and organizations [M]. Psychology Press, 1997.

　　[95] Graf H. Gatekeepers in regional networks of innovators [J]. Cambridge Journal of Economics, 2011, 35（1）: 173-198.

　　[96] Braczyk H J, Cooke P, Heidenreich M. Regional innovation systems: The role of governances in a globalized world [M]. Psychology Press, 1998.

　　[97] Gertler M S. The invention of regional culture [J]. Geographies of econ-

omies, 1997: 47 - 58.

［98］Giuliani E. Cluster absorptive capability: An evolutionary approach for industrial clusters in developing countries ［C］. Copenhagen/Elsinore: DRUID summer conference, 2002: 6 - 8.

［99］丁志慧, 刘伟. 基于用户守门员的用户创新社团外部知识获取研究［J］. 科技进步与对策, 2013, 30（24）: 161 - 164.

［100］Gurgul G, Rumyantseva M, Enkel E, et al. Customer Integration - Establish a constant bilateral knowledge flow ［M］. St. Gallen: Institute of Management, University of St. Gallen（HSG）, 2002.

［101］Nonaka I, Toyama R, Konno N. SECI, ba and leadership: A unified model of dynamic knowledge creation ［J］. Knowledge Management: Critical Perspectives on Business and Management, 2005（2）: 317.

［102］罗仕鉴, 朱上上, 应放天等. 产品设计中的用户隐性知识研究现状与进展［J］. 计算机集成制造系统, 2010, 16（4）: 673 - 688.

［103］王战平, 柯青. 客户知识管理概念研究［J］. 情报科学, 2004, 22（1）: 19 - 21.

［104］刘飞, 简兆权. 网络环境下基于服务主导逻辑的服务创新: 一个理论模型［J］. 科学学与科学技术管理, 2014, 35（2）: 104 - 113.

［105］杜漪, 宋晓颖, 游毅. 知识经济背景下的产品创新流程再造［J］. 科技管理研究, 2007, 27（5）: 144 - 146.

［106］罗青军, 朱明伟. 基于客户联盟的顾客价值创新流程重塑研究［J］. 大连理工大学学报（社会科学版）, 2005（1）: 36 - 39.

［107］Baldwin C, Hienerth C, Von Hippel E. How user innovations become commercial products: A theoretical investigation and case study ［J］. Research Policy, 2006, 35（9）: 1291 - 1313.

［108］郭庆，邵培基，全昌文. 客户知识管理及其实施的初步分析［J］. 科学学与科学技术管理，2004（10）：52-56.

［109］Neale M R, Corkindale D R. Co-developing products: Involving customers earlier and more deeply［J］. Long Range Planning, 1998, 31（3）：418-425.

［110］杨育，郭波，尹胜等. 客户协同创新的内涵、概念框架及其应用研究［J］. 计算机集成制造系统，2008，14（5）：944-950.

［111］郑毅. 苹果公司 App Store 战略的分析及启示［J］. 中国电子商务，2012（5）：186-187.

［112］黄放. 浅谈"App store"商业模式［J］. 价值工程，2011，30（14）：144-145.

［113］迈克尔·波特. 竞争优势［M］. 陈小悦译. 北京：华夏出版社，1997.

［114］丁志慧，刘伟，黄紫微. 产品开发中客户参与程度对企业竞争力影响分析［J］. 科技进步与对策，2014，31（9）：97-100.

［115］张震宇，陈劲. 基于开放式创新模式的企业创新资源构成、特征及其管理［J］. 科学学与科学技术管理，2008，29（11）：61-65.

［116］刘伟，丁志慧. 客户参与企业产品开发的创新模式选择研究［J］. 计算机集成制造系统，2014，20（6）：1315-1321.

［117］郑德渊，李湛. 具有双向溢出效应的上游企业 R&D 政策研究［J］. 管理工程学报，2002，16（1）：84-85.

［118］韦铁，鲁若愚. 多主体参与的开放式创新模式研究［J］. 管理工程学报，2011，25（3）：133-138.

［119］张雪，张庆普. 知识创造视角下客户协同产品创新投入产出研究［J］. 科研管理，2012，33（2）：122-129.

［120］Smith M A, Kollock P. Communities in Cyberspace［M］. London:

Routledge, 1999.

[121] 王莉. 基于网络的客户参与产品开发——国内外比较研究和趋势分析 [J]. 经济管理, 2004 (22): 18 - 23.

[122] 刘伟, 刘严严. 下游开发活动纳入上游开发活动动态信息研究 [J]. 计算机集成制造系统, 2011, 17 (6): 1292 - 1297.

[123] 马文建, 刘伟, 李传昭. 跨企业组织协同产品开发中供应商早期参与策略研究 [J]. 中国管理科学, 2011, 19 (2): 147 - 153.

[124] Krishnan V, Eppinger S D, Whitney D E. Iterative overlapping: Accelerating product development by preliminary information exchange [J]. Aame Des Eng Div Publ DE., Asme, New York, NY (USA), 1993 (53): 223 - 231.

[125] Eppinger S D, Whitney D E. Accelerating product development by the exchange of preliminary product design information [J]. Journal of Mechanical Design, 1995 (117): 491.

[126] Sobieszczanski - Sobieski J. Multidisciplinary optimization for engineering systems: Achievements and potential [M]. Berlin: Springer Berlin Heidelberg, 1989.

[127] 钱亚东, 郑国君, 战洪飞等. 网络化协同设计过程管理方法和工具 [J]. 科研管理, 2004, 25 (1): 90 - 95.

[128] Rogers E M. Diffusion of innovations [M]. New York: Simon and Schuster, 2010.

[129] Valente T W, Davis R L. Accelerating the diffusion of Innovations using opinion leaders [J]. The Annals of the American Academy of Political and Social Science, 1999, 566 (1): 55 - 67.

[130] Loch C H, Terwiesch C. Communication and uncertainty in concurrent engineering [J]. Management Science, 1998, 44 (8): 1032 - 1048.

［131］徐鸿雁，黄河．对多产品销售的激励合同设计及定价研究［J］．中国管理科学，2009，17（2）：108-116.

［132］游静．基于双边道德风险的多主体信息系统集成报酬机制设计［J］．管理工程学报，2010（2）：84-88.

［133］Heerberg F，Mausner B. The motivation to worker［M］. New York：Wiley，1959：156-157

［134］宗胜亮，柴国荣，刘佩．制造链中合作研发的契约设计研究［J］．软科学，2013，26（12）：14-17.

［135］韦铁，鲁若愚．多主体参与的开放式创新模式研究［J］．管理工程学报，2011，25（3）：133-138.

［136］Hienerth C，Von Hippel E，Jensen A，et al. Efficiency of consumer（household sector）vs. producer innovation［Z］. MIT Sloan Working Paper，4926-11，2012.

［137］李家深，熊婧，陆桂军．运用互联网思维构建科技服务业新业态的必要性与可行性分析［J］．企业科技与发展，2014（8）：8-10.

［138］董洁林，陈娟．无缝开放式创新：基于小米案例探讨互联网生态中的产品创新模式［J］．科研管理，2014，35（12）：76-84.

［139］楼天阳，范钧，吕筱萍等．虚拟社区激励政策对成员参与动机的影响：强化还是削弱？［J］．营销科学学报，2014，10（3）：99-112.

后　记

全书付梓之际，心中百感交集。

本书是我近十年学术成果的集合，虽谈不上鸿篇巨著，却也是点灯熬油的心血。写作遇到瓶颈时，彻夜难眠辗转反侧的情景至今仍历历在目。"十年"怀胎、一朝分娩，不免有些激动。

本书得以顺利出版，首先要感谢我的博士生导师——重庆大学经济与工商管理学院刘伟教授。在本科阶段，我对科研工作和学术研究的理解仅是来自于几场学术讲座和老师们在课堂上的偶尔提及。是在刘老师的悉心指引和教诲下，我才从单纯进行理论学习的本科生，一步步地走上了科研之路，最终顺利完成了本科毕业直接攻读博士学位的学业。本书的选题是从刘老师指导我追踪MIT 产品开发创新中心的研究开始的，之后在刘老师的不断指导下我陆续在CSSCI、EI 检索期刊发表了近十篇论文，最终集合形成本书。我不仅钦佩刘老师踏实严谨的治学态度和渊博扎实的专业知识，更敬仰于刘老师谦逊、执着、宽厚的做人原则与境界。在此，谨对刘老师表示最崇高的敬意。

还要感谢我读博期间的同门，是大家共同的思想碰撞激发出了本书的很多观点、思路与方法，能够与这些才华横溢、积极向上的同学一起生活和学习是一段非常美好的、值得回味的人生经历。特别要感谢刘严严师兄，他在我论文写作中不厌其烦地给予指导，对我多篇论文的成文都起到了重要作用。

感谢我在青岛理工大学的同事。工作以来，无论在教学还是科研上，都有诸多同事为我提供了热心的帮助，让我感受到了大家庭般的温暖。感谢云乐鑫教授为本书所做的修订，以及为本书的出版所付出的努力。

感谢我的家人。感谢我的父母、公婆，他们都是最传统的中国父母，勤劳、朴实，一切为了子女，感谢他们对我们小家庭的付出，感谢他们给予我们物质和精神上的支持，让我们在求学和工作时可以没有后顾之忧。感谢我的丈夫，我们从同学成为情侣并最终步入婚姻的殿堂，感谢丈夫一直以来对我的尊重和支持。感谢我的女儿，感谢你选择我成为你的妈妈。虽然从怀孕到育儿的过程有诸多不易，但你每天都为全家带来很多惊喜和快乐，你的纯真常常触动我的心底，你也促使我努力成为更好的自己。

最后，还要向未曾提到的所有关心和帮助过我的人表示由衷的感谢！